WEIGHT WATCHERS® KOCHBUCH Nr. 2

Schlank mit Elan

Mosaik Verlag

An der Erstellung dieses Kochbuches haben
sich viele Personen mit großer Begeisterung beteiligt.
Die Rezepte wurden von Heike Theiß,
Diplom-Ernährungswissenschaftlerin, entwickelt und ausprobiert.
Allen Mitarbeitern gilt unser herzlicher Dank.

Einbandfotos und Innenteil: Ulrich Kerth, München
Layout: Paul Wollweber

Satz: Filmsatz Schröter GmbH, München
Druck und Bindung: Mohndruck Graphische Betriebe GmbH, Gütersloh
ISBN 3-570-02418-0 · Printed in Germany

Inhalt

Vorwort

»Schlank mit Elan« – wer möchte das nicht sein oder werden! Mit diesem Buch haben Sie alle Chancen und den Schlüssel, sich diesen Wunsch zu erfüllen. Und Sie werden sehen, wie topfit Sie sich dabei fühlen, ohne jemals die Laune zu verlieren.

Das hier vorgestellte Schlankheits- und Ernährungsprogramm hat sich bereits millionenfach bewährt und vielen Übergewichtigen zu dauerhaftem Erfolg verholfen. Dieses Programm ist so flexibel und praktisch, daß es jeder Lebensweise angepaßt werden kann und alle individuellen Vorlieben und Gegebenheiten berücksichtigt. Es beinhaltet alle wichtigen Grundlebensmittel, Vitamine und Mineralstoffe, die der Körper während einer Reduktionsdiät benötigt.

Der durchschnittliche Energiegehalt beträgt für

Damen	1200 Kalorien
Herren	1600 Kalorien
Jugendliche	1700 Kalorien.

Es wird auch Sie überzeugen und in der Kunst unterweisen, schnell zubereitete, köstliche und wohl ausgewogene Mahlzeiten zu kochen. Wenn Sie sich einmal mit diesem Ernährungsprogramm und seiner Vielfalt vertraut gemacht haben, wird gutes Essen und dennoch Schlankbleiben auch für Sie kein Geheimnis mehr sein. Lesen Sie deshalb bitte, bevor Sie sich auf die Rezepte stürzen, die Informationen zu diesem Ernährungsprogramm und befassen Sie sich ein wenig intensiver mit den sich anschließenden Austauschlisten.

Die über 350 Rezepte dieses Kochbuches wurden speziell für unsere heutige schnellebige Zeit geschrieben, in der man ständig unter Zeitnot steht und möglichst wenig Freizeit für Haushalt und Kochen opfern möchte. Und Sie werden sicher beim Lesen der Rezepte überrascht sein, wie einfach und schnell sich danach die köstlichsten Menüs auf den Tisch zaubern lassen. Dabei wurde an alle Gelegenheiten und an jeden Geschmack gedacht, gleich ob Ihr Haushaltsbudget gerade knapp ist oder Sie Ihr Berufsleben gerade besonders in Anspruch nimmt, ob Sie nette Gäste festlich verwöhnen wollen oder Ihnen nach deftigen Genüssen aus der deutschen Landschaftsküche der Gusto steht. Sie erfahren auch, welche Gerichte besonders preiswert sind in der Zubereitung oder welche sich problemlos einfrieren lassen. Das wichtigste bei den Rezepten ist jedoch, daß Sie alle mit genauen Kalorien-, Nährwertangaben und Austauschportionen versehen sind, so daß Sie keine Angst um Ihre Figur haben müssen und sich in jedem Fall gesund und vollwertig nach dem neuesten Stand der Ernährungswissenschaft ernähren.

Dieses außergewöhnliche Kochbuch wird Sie in Schwung bringen, und Sie werden mit Elan kochen und dabei Ihr Gewicht halten oder mühelos reduzieren!

Allgemeine Informationen zum Ernährungsprogramm

Die nächsten Seiten enthalten das komplette *Basisprogramm*. Zum besseren Verständnis hier einige Anmerkungen:

Warum ist gesunde Ernährung wichtig?

Lebensführung und Aktivität spielen eine wichtige Rolle zur Ermittlung des Energiebedarfs. Ihre Lebensführung beeinflußt Ihre Gesundheit. Lebensführung beinhaltet viele Aspekte der Nahrungsaufnahme, von der Auswahl der Lebensmittel bis hin zum sozialen Umfeld, in der das Essen eingenommen wird, ebenso die Menge und die Zeiten der Haupt- und Zwischenmahlzeiten. Obgleich Essensgewohnheiten, und zwar gute und schlechte, ziemlich früh im Leben geformt werden, ist es nie zu spät, den Weg zu einer vernünftigen Ernährung einzuschlagen.
Durch Erhöhung Ihres Ernährungsbewußtseins lernen Sie die Beziehung zwischen Nahrung und Körper kennen. Sie werden eine persönliche Verantwortung für die Lebensmittelauswahl entwickeln und die Folgen Ihrer Auswahl verstehen. Obwohl Nahrung allein nicht gesund macht, kann doch die praktische Anwendung Ihrer Ernährungskenntnisse zur Erhaltung und vor allem zur Verbesserung Ihrer Gesundheit beitragen.

Was sind Austauschportionen

Die folgenden Austauschlisten enthalten Lebensmittelportionen mit gleichem Nährstoffgehalt. Sie können jedes Produkt aus einer Austauschliste durch ein anderes Produkt aus dieser Liste ersetzen. Bei der Eiweißliste z. B. werden Sie feststellen, daß »1 Ei«, »30 g Käse« oder »30 g Hähnchenfleisch« alle jeweils einer Austauschportion entsprechen. Wenn also eine Mahlzeit 90 g Hähnchenfleisch = 3 Eiweißportionen erfordert, können Sie statt dessen 90 g Käse verzehren. Sie können auch kombinieren, z. B. 1 Ei und 60 g Käse. Das bleibt ganz Ihnen überlassen.
Sie werden schnell merken, daß das Austauschsystem das gemeinsame Essen mit Ihrer Familie und Freunden sehr erleichtert, da Sie keine Extramahlzeit nur für sich selbst zubereiten müssen.
Denken Sie jedoch daran, daß Sie diesen Austausch nur innerhalb der gleichen Austauschliste vornehmen. Sie können z. B. keinen Austausch aus der Brotliste durch eine Portion aus der Obstliste vornehmen.

Bitte beachten

Bis Sie mit der richtigen Portionskontrolle vertrauter werden, ist es ratsam, Ihre Speisen zu wiegen oder abzumessen. Dazu können Sie einen Meßlöffel und eine kleine Diätwaage benutzen. Das Abmessen funktioniert schließlich fast automatisch, und Sie werden vielleicht sogar in der Lage sein, die Mengen allein nach Augenmaß abzuschätzen.

Zusätzliche Informationen

● Essen Sie mindestens 3 Mahlzeiten pro Tag.
● Zwischenmahlzeiten können auf Wunsch eingelegt werden, sie sollten jedoch auch fest eingeplant sein. Als Zwischenmahlzeit verzehrte Austauschportionen werden auf die tägliche Gesamtmenge angerechnet.
● Zum Mittag- und Abendessen sind mindestens 2 Eiweißaustauschportionen erforderlich.

Obstauswahl

Ballaststoffe
Vitamin C
Vitamin A

Tagesportionen

Damen	3
Herren	4–6
Jugendliche	4–6

Die angegebenen Mengen entsprechen einer Austauschportion.
Gewichte = verzehrbarer Anteil.

Obstsaft

Ananassaft	80 ml
Apfelsaft	125 ml (⅛ l)
gem. Gemüsesaft	250 ml (¼ l)
*Grapefruitsaft	125 ml (⅛ l)
Holunderbeersaft	125 ml (⅛ l)
Mandarinensaft	125 ml (⅛ l)
*Orangensaft	125 ml (⅛ l)
Pflaumensaft	80 ml
*Tomatensaft	250 ml (¼ l)
Traubensaft	80 ml

Obst

Ananas	100 g (¼ kleine)
Apfel	125 g (1 kleiner)
Aprikosen	100 g (2 mittelgr.)
Aprikosen, getr.	20 g (4 halbe)
Banane	60 g (½ mittelgr.)
Beeren	
Blaubeeren	100 g
Brombeeren	100 g
*Erdbeeren	125 g
Himbeeren	125 g
Holunderbeeren	125 g
Preiselbeeren	100 g
*rote Johannisbeeren	125 g
*schwarze Johannisb.	100 g
*Stachelbeeren	125 g
Birne	100 g (1 kleine)
*Cantaloup-Melone	200 g
Datteln, getrocknet	15 g (2 Stück)
Feigen, frisch	70 g (1 große)
Feigen, getrocknet	20 g (1 Stück)
Fruchtcocktail	100 g u. 2 Eßl. Saft
*Grapefruit	125 g (½ mittelgr.)
*Guave	100 g (1 kleine)
*Honigmelone	200 g
Kaki (Persimone)	80 g (½)
*Kiwi	100 g (1 mittelgr.)
Kirschen, süß	75 g (10 Stück)
Kirschen, sauer	100 g (15 Stück)
*Kumquats	100 g (2–3 Stück)
Litschi (Lychees)	80 g (4–5 Stück)
Mandarine	100 g (2 mittelgr.)
*Mango	100 g (½ kleine)
Mineolas	125 g
Mirabellen	85 g (6 Stück)
Nektarine	100 g (1 kleine)
*Orange	100 g (1 kleine)
*Papaya	100 g (½ mittelgr.)
Passionsfrucht	100 g (2 Stück)
Pfirsich	125 g (1 mittelgr.)
Pflaumen	85 g (3 mittelgr.)
Pflaumen, getrocknet	20 g (3–4 Stück)
*Pomelo	125 g
Quitte	100 g (1 Stück)
Reineclauden	75 g (2 Stück)
Rhabarber	250 g
Rosinen, Sultaninen	20 g
Tangerine	100 g (2 Stück)
Trauben	75 g
Trockenobst, gem.	20 g
Wassermelone	200 g

Besondere Anmerkungen

Verzehren Sie mindestens einmal am Tag eine Obstart roh, die mit einem Sternchen (*) versehen, also besonders reich an Vitamin C ist. Achten Sie auf Abwechslung!
Verwenden Sie frisches, konserviertes, getrocknetes oder tiefgefrorenes Obst oder Obstsaft ohne Zusatz von Zucker.
Wenn Sie kalorienreduziertes, konserviertes, mit

Süßstoff gesüßtes Obst wählen, beträgt jede Portionsgröße 50 kcal (210 kJ).
Bei konserviertem, in Wasser abgepacktem Obst (Etikett ohne Kalorienangabe) gelten die oben angegebenen Mengen und 2 Eßlöffel Flüssigkeit.

Gemüseauswahl

Ballaststoffe	Calcium
Vitamin A	Eisen
Vitamin C	

Tagesportionen

Damen	mindestens 2 Port. täglich
Herren	mindestens 2 Port. täglich
Jugendliche	mindestens 2 Port. täglich

Eine Austauschportion rohes oder gegartes Gemüse entspricht 100 g.
Alle Gemüse – mit Ausnahme der Avocado – sind erlaubt. Z. B.

Artischocken	Möhren
Aubergine	Paprika
Blattsalat	Pilze
Bleichsellerie	Porree
Blumenkohl	Radieschen
Bohnen, grün oder gelb	Rettich
	Rosenkohl
Broccoli	Rote Beete
Chicorée	Rotkohl
Chinakohl	Rüben, jede Sorte
Endivien	Sauerkraut
Fenchel	Spargel
Grünkohl	Spinat
Gurken	Tomaten
Knollensellerie	Weißkohl
Kohlrabi	Wirsing
Kürbis	Zucchini
Mangold	Zwiebeln

Besondere Anmerkungen

Die Gemüsearten unterscheiden sich in ihrem Gehalt an Mineralstoffen und Vitaminen; deshalb ist Abwechslung der Schlüssel für die richtige Auswahl. Zur Erhaltung des höchstmöglichen Nährwertes und zur Erhaltung von Farbe, Geschmack und Konsistenz, sollte das Gemüse entweder roh verzehrt oder nur so lange gegart werden, bis es gerade zart ist. Die Flüssigkeit von gegartem Gemüse sollte mitverzehrt werden.

Erbsen, Schwarzwurzeln, Wasserkastanien und Mais sind stärkehaltige Gemüsesorten, die Sie in der Gruppe »Stärkehaltige Erzeugnisse« finden.

Milchauswahl

Eiweiß	Vitamin B_2
Calcium	Vitamin D
Phosphor	

Tagesportionen

Damen	2
Herren	2
Jugendliche	3–4

Die angegebenen Mengen entsprechen einer Austauschportion

Magermilchpulver	25 g
Milch, entrahmt, 0,3% Fett	250 ml (¼ l)
Milch, fettarm, 1,5% Fett	200 ml
Buttermilch, bis zu 1% Fett bzw. bis 40 kcal (168 kJ) in 100 g	250 ml (¼ l)
Dickmilch, bis 1,5% Fett	200 ml
Joghurt, entrahmt, 0,3% Fett	200 g
Joghurt, fettarm, 1,5% Fett	175 g
Kefir, bis 1,5% Fett	200 ml
Sauermilch, bis 1,5% Fett	200 ml

Besondere Anmerkungen

Verwenden Sie nur ungesüßte Milchprodukte ohne Fruchtzusatz.
Falls gewünscht, können Sie täglich *eine* Milchportion durch 100 g Speisequark, *Magerstufe*, ersetzen. Außerdem darf täglich *eine* Milchportion durch Milchpudding mit Geschmack (200 g zubereitet) *kalorienarm*, ersetzt werden.

Auswahl von Brot, Getreide und stärkehaltigen Erzeugnissen

Kohlenhydrate Eisen
B-Vitamine Ballaststoffe

Tagesportionen

Damen	2–3 Portionen täglich
Herren	4–5 Portionen täglich
Jugendliche	4–5 Portionen täglich

Die angegebenen Mengen entsprechen einer Austauschportion.

Brot

Brot, jede Sorte (z. B. Vollkornbrot, Mischbrot)	30 g
Brötchen	30 g
Cräcker	20 g
Knäckebrot, jede Sorte	20 g
Matzen	20 g
Paniermehl	20 g
Zwieback	20 g

Getreide und Getreideerzeugnisse

Getreideflocken bzw. Zerealien (z. B. Cornflakes, Haferflocken, Kleie)	20 g
Graupen	20 g roh, 60 g gegart
Grütze (Buchweizen, Hafer oder Gerste)	20 g
Grieß	20 g
Mehl, jede Sorte	20 g
Reis, parboiled oder Naturreis	20 g roh, 60 g gegart
Teigwaren	20 g roh, 60 g gegart

Kartoffeln und stärkehaltige Gemüse

Erbsen, grün	100 g
Kastanien	35 g (6 Stück)
Kartoffeln	100 g
Kartoffelklöße (Fertigprodukt)	20 g Pulver, 80 g eßfertig
Kartoffelpüree (Fertigprodukt)	20 g Pulver, 100 g eßfertig
Mais, konserviert	70 g
Kolben	1 mittelgroßer
Körner, trocken	20 g
Maismehl (Polenta)	20 g
Maisgrieß	20 g
Popcorn, einfach	20 g
Schwarzwurzeln	100 g
Wasserkastanien	100 g

Besondere Anmerkungen

Der Nährwert der Getreideerzeugnisse unterscheidet sich sehr stark je nach Art der Verarbeitung. Mineralstoffe und Vitamine sind überwiegend in den äußeren Randschichten und im Keim des Getreidekornes enthalten.
Deshalb sind Vollkornprodukte zu bevorzugen.

Fettauswahl

Vitamin E
Mehrfach ungesättigte Fettsäuren

Tagesportionen

Damen	3
Herren	3
Jugendliche	3

Die angegebenen Mengen entsprechen einer Austauschportion.

Pflanzenmargarine	1 gestr. Teelöffel
Pflanzencreme	1 gestr. Teelöffel
Halbfettmargarine	2 gestr. Teelöffel
Mayonnaise 80% Fett	1 gestr. Teelöffel
Mayonnaise 50% Fett	1½ gestr. Teelöffel
Pflanzenöle	1 Teelöffel

Falls gewünscht, wählen Sie bis zu *dreimal wöchentlich anstelle* einer Fettportion:

Butter	1 gestr. Teelöffel
Halbfettbutter	2 gestr. Teelöffel

Besondere Anmerkungen

Fettportionen dürfen zum Braten, Kochen und Backen verwendet werden. Fett stellt eine konzentrierte Energiequelle dar, die Portionen müssen deshalb sorgfältig abgemessen werden.

Eiweißauswahl

Eiweiß	Calcium
Eisen	B-Vitamine

Tagesportionen

Damen	6– 8 Portionen
Herren	8–10 Portionen
Jugendliche	8–10 Portionen

Die angegebenen Mengen entsprechen einer Austauschportion.
Gewicht nach der Zubereitung.

Fisch-, Fleisch- und Geflügelsorten

Fisch, jede Sorte außer Aal	30 g
Geflügel (Hähnchen, Huhn, Pute)	30 g
Kalbfleisch, ganz mager	30 g
Lamm, ganz mager	30 g
Rindfleisch, ganz mager	30 g
Schweinefleisch, ganz mager	30 g
Wild	30 g
*Bierschinken	30 g
*Brühwürstchen	30 g
*Corned beef, deutsch	30 g
*Fett- bzw. kalorienreduzierte Wurst	30 g
*Geflügelwurst	30 g
*Innereien	30 g
*Schinken	30 g
*Weißwurst, bayerisch	30 g
*Zunge	30 g

Molkereiprodukte

Fett- bzw. kalorienreduzierter Käse	45 g
Hart-, Weich- und Schmelzkäse bis zu 45% Fett i. Tr.	30 g
Harzer, Korbkäse	60 g
Speisequark, Schicht- oder Hüttenkäse bis zu 20% Fett i. Tr.	75 g

Weitere Eiweißprodukte

Ei	1 Stück
Erdnußbutter (im Austausch einer Fettportion)	1 Eßlöffel
Hülsenfrüchte, getrocknet	30 g roh,
(Bohnen, Linsen, Erbsen)	60 g gegart
Tofu	75 g

Besondere Anmerkungen

Wählen Sie nicht mehr als 4 Eier pro Woche. Begrenzen Sie die Menge von Hart-, Weich- oder Schmelzkäse und fett- bzw. kalorienreduziertem Käse auf 6 Austauschportionen pro Woche.
Essen Sie nicht mehr als 12 Austauschportionen von den Produkten, die mit einem (*) Sternchen versehen sind pro Woche.

Da Leber ein wichtiger Eisenlieferant ist, wird empfohlen, wöchentlich einmal Leber zu essen (3–4 Austauschportionen). Wenn keine Leber gewählt wird, fragen Sie Ihren Arzt, ob Sie ein Eisenpräparat benötigen.
Wiegen Sie möglichst nach der Zubereitung. 120 g nach der Zubereitung.
Fisch, Fleisch, Geflügel und Leber können gekocht, gedünstet, gegrillt, gebacken, gebraten oder in Folie gegart werden. Wenn Sie Geflügel oder Wildgeflügel braten, kochen, schmoren oder dünsten, muß die Haut vor der Zubereitung entfernt werden. Der Sud darf verzehrt werden.
Bei gebackenem, gegrilltem oder geröstetem Geflügel oder Wildgeflügel wird die Haut vor dem Verzehr entfernt.
Nehmen Sie frisches, gefrorenes, konserviertes oder geräuchertes Geflügel, Fleisch oder Fisch. Lassen Sie Waren aus der Dose abtropfen. Saucen oder sonstige Zusätze dürfen *nicht* verzehrt werden.

Auswahl »auf Wunsch«

Täglich

Sie können bis zu 50 kcal (210 kJ) von den unten aufgeführten Lebensmitteln wählen.

10 kcal (42 kJ) Lebensmittel

Eiklar	½
Fleischbrühe, Bouillon:	
selbst hergestellt	180 ml, entfettet
Würfel	½ großen/1 kl.
Instant	1 Teelöffel
Gelatine, Tortengelee	1½ Teelöffel oder 3 Blatt
diätetische Lebensmittel, kalorienreduziert:	10 Kalorien
Getränke, Marmelade, Dressings, Dessertsaucen	
Hefe, trocken	1 Teelöffel

Hefe, frisch	10 g
Kakaopulver, ungesüßt	2 Teelöffel
Käse, gerieben	1 Teelöffel
Ketchup	2 Teelöffel
Kokosnuß, geraspelt	1 Teelöffel
Kondensmilch, 4% Fett i. Tr.	2 Teelöffel
Marmelade, Honig, Fruchtzucker, Zucker	½ Teelöffel
Mehl, Stärke, Grieß, Sago, Puddingpulver	1 Teelöffel
Oliven	2 Stück
Relish	1 Teelöffel
Samen: Anis, Fenchel, Kümmel, Leinsamen, Mohn, Sesam, Sonnenblumenkerne	½ Teelöffel
Sangrita	20 ml (0,02 l)
Sauerkrautsaft, Fertigprodukt	125 ml (⅛ l)
Tomatenmark	1 Eßlöffel
Wein zum Kochen	2 Teelöffel
Weizenkeime	1 Teelöffel
Weizenkleie	1 Eßlöffel

50 kcal (210 kJ) Lebensmittel

Brot	¾ Portion
Fett	1 Portion
Götterspeise, ungezuckert, Zitronen- o. Waldmeistergeschmack	½ l (500 g)
Obst	1 Portion
Milch	½ Portion
Eiweiß	1 Portion
Salatdressings, Fertigprodukt	1½ Eßl. (25 g)
Sauce: Barbecue-, Chili-, Meeresfrüchte-, Cocktail-, Steak	3 Eßl. (50 g)
Schlagschaum	30 g

Zweimal wöchentlich

Sie können zusätzlich 100 kcal (420 kJ) aus dieser Liste wählen.

100 kcal (420 kJ) – Lebensmittel

Avocado	¼
Aperitif (z. B. Martini, Sherry)	50 ml
Apfelwein	250 ml (¼ l)
Bier	200 ml (0,2 l)
Fruchtgummi	30 g
Joghurt, 3,5% Fett	125 g
Keks, Löffelbiskuits	20 g
Lakritz	30 g
Milch, 3,5% Fett	150 ml
Sahne:	
saure Sahne, extra	3 Eßlöffel (50 g)
Schlagsahne	2 Eßlöffel (35 g)
Crème fraîche	1½ Eßlöffel (25 g)
Sekt	125 ml (⅛ l)
Wein, rot oder weiß	125 ml (⅛ l)

Zusätzliche Produkte

Die folgenden Produkte können in vernünftigen Mengen konsumiert werden:

Soda
Kaffee
Mineralwasser
Tee
Wasser

Gewürze und sonstige Zutaten

Verwenden Sie angemessene Mengen

Agar-Agar
Backpulver
Essig
Extrakte und Aromen
Gemüse- oder Zwiebelflocken, getrocknet
Kapern
Knoblauch, frisch oder pulverisiert
Kräuter
Meerrettich
Nestargel, Tartex-Biobin
Orangen- bzw. Zitronenschale, gerieben, frisch oder getrocknet
Pfeffersauce (z. B. Tabasco)
Senf, alle Arten
Sojasauce
Süßstoff
Worcestershiresauce
Würzen, flüssig
Würzen, pulverisiert
Zitronensaft

Besondere Anmerkung

Es wird empfohlen, täglich 1½ bis 2 l Wasser oder Mineralwasser zu trinken.

Schnell & leicht zubereitet

Längst ist es nicht mehr notwendig, für die Zubereitung einer Mahlzeit stundenlang in der Küche zu stehen. Eher das Gegenteil ist der Fall!
Mit ein bißchen Phantasie und Kombinationsgabe kann man heute schnell eine wohlschmeckende, gesunde Mahlzeit auftischen. Tiefkühlware, gute Konserven aus dem Vorratsschrank, kombiniert mit frischem Gemüse, eröffnen unzählige Möglichkeiten. Technische Hilfe sind Schnellkochtöpfe, Mikrowellenherd und Grillgeräte. Sie haben alle den zusätzlichen Vorteil, daß durch die kürzeren Garzeiten die Vitamine weitgehend erhalten bleiben.
Eine besonders gesunde und schnelle Zubereitungsmethode ist das sogenannte »Pfannenrühren«. Dieses Braten unter Rühren kommt aus dem Fernen Osten, aus der chinesischen und japanischen Küche. Feingeschnetzeltes Fleisch (dies kann schon der Metzger erledigen), Krabben oder Fischwürfel kommen in eine schwere gußeiserne Pfanne oder Wok (ein Spezialgerät, das auch bei uns schon überall erhältlich ist) zusammen mit feingewürfeltem Gemüse und Gewürzen. Nun wird alles unter dauerndem Rühren mit einem Holzlöffel kurz gebraten und mit Sojasauce abgeschmeckt. Die Pfanne oder Wok können Sie dann gleich auf den Tisch stellen.
Blättern Sie in den folgenden Rezeptseiten und Sie werden feststellen, daß gutes Essen nichts mit großem Zeitaufwand zu tun hat. Für die meisten Rezepte brauchen Sie nicht länger als 15 Minuten.

Suppen, Salate und allerlei Pikantes

Krabbensuppe

Für 2 Portionen
2 TL Margarine
200 g Möhren, geputzt
100 g Porree, geputzt
100 g Kartoffeln, geschält
1 EL Tomatenmark
Salz
2 TL Weißwein
240 g Krabben
Dill

Zubereitung
Margarine schmelzen, gewürfelte Möhren, in Ringe geschnittenen Porree und gewürfelte Kartoffeln darin andünsten.
500 ml Wasser und Tomatenmark hinzufügen. Alles 20 Minuten garen. Anschließend im Mixer pürieren. Die Suppe mit Salz und Wein abschmecken. Dann die Krabben in der Suppe erwärmen. Mit feingehacktem Dill bestreut servieren.

Nährwerte pro Portion: 264 kcal/1103 kJ; 25,6 g Eiweiß; 6,2 g Fett; 21,8 g Kohlenhydrate; 1,8 BE
Austausch pro Portion: 1 Fett; 1½ Gemüse; ½ Kartoffel; 20 kcal. »auf Wunsch«; 4 Eiweiß

Kräutersuppe mit Käseklößchen

Für 2 Portionen
200 ml Milch (1,5% Fett)
70 g Schlagsahne
2 kleine Brühwürfel
1 Ei, getrennt
Salz
Muskat
20 g gemischte Kräuter (Tiefkühlware)
5 TL geriebener Käse

Zubereitung
Milch, Schlagsahne, ¼ Liter Wasser und Brühwürfel aufkochen. Die nicht mehr kochende Brühe mit Eigelb legieren. Mit Salz abschmecken und die Kräuter unterziehen.
Eiweiß steif schlagen. Vorsichtig Käse und Muskat zufügen. Mit einem Teelöffel kleine Klößchen abstechen und auf die heiße Suppe setzen. Den Topf mit einem Deckel verschließen und die Klößchen 5 Minuten ziehen lassen (nicht mehr kochen!).

Nährwerte pro Portion: 269 kcal/1123 kJ; 12,7 Eiweiß; 20,0 Fett; 6,5 Kohlenhydrate; 0,5 BE
Austausch pro Portion: ½ Milch; 135 kcal. »auf Wunsch«; ½ Eiweiß

Gazpacho

Für 2 Portionen
½ Salatgurke, geschält
½ l Tomatensaft
½ Bund Petersilie
1 TL Dillspitzen
Pfeffersauce nach Geschmack
Knoblauchpulver
Salz, Pfeffer, Selleriesalz
eventuell Süßstoff

Zubereitung
Alle Zutaten im Mixer pürieren und mit den Gewürzen pikant abschmecken. Die Gazpacho gut gekühlt servieren.

Nährwerte pro Portion: 57 kcal/239 kJ; 2,3 g Eiweiß; 0,3 g Fett; 11,6 g Kohlenhydrate; 1 BE
Austausch pro Portion: 1½ Gemüse; 1 Obst

Tomatensuppe mit Kidneybohnen

Für 2 Portionen
100 g Zwiebeln, geschält
2 TL Margarine
100 g Möhren, geputzt
100 g Porree, geputzt
400 g Tomaten (Konserve)
2 TL Instantbrühe
90 g gekochter Schinken
120 g rote Kidneybohnen (Konserve)
Oregano
Salz, Pfeffer
Petersilie

Zubereitung
Gewürfelte Zwiebeln in Margarine glasig dünsten. Zerkleinerte Möhren und in Ringe geschnittenen Porree mit andünsten. Tomaten pürieren und hinzufügen. Etwa 15 Minuten garen. Brühe einrühren.
Gewürfelten Schinken und Bohnen in der Suppe erwärmen. Alles pikant abschmecken und die Suppe mit Petersilie bestreut servieren.

Nährwerte pro Portion: 456 kcal/1904 kJ; 27,7 g Eiweiß; 11,9 g Fett; 53,6 g Kohlenhydrate; 4,5 BE
Austausch pro Portion: 3½ Gemüse; 1 Fett; 10 kcal »auf Wunsch«; 2½ Eiweiß

Feine Tomatensuppe

Für 2 Portionen
250 g frische Champignons, geputzt
50 g Zwiebeln, geschält
2 TL Margarine
500 g Tomaten (Konserve)
1 EL Tomatenmark
1 TL Instantbrühe
Oregano, Basilikum
Salz, Pfeffer
25 ml Sherry
35 g Schlagsahne
2 EL Kondensmilch (4% Fett)
Petersilie

Zubereitung
Champignons in Scheiben, Zwiebeln in Ringe schneiden. In Margarine weichdünsten. Tomaten pürieren und hinzufügen. Tomatenmark und Brühe einrühren. Mit den Kräutern und Gewürzen abschmecken. Die Suppe mit Sherry, Schlagsahne und Kondensmilch verfeinern. Mit feingehackter Petersilie bestreut servieren.

Nährwerte pro Portion: 231 kcal/965 kJ; 8,3 g Eiweiß; 11,3 g Fett; 17,2 g Kohlenhydrate; 1,4 BE
Austausch pro Portion: 4 Gemüse; 1 Fett; 100 kcal »auf Wunsch«

Broccoli mit Eiersauce (Foto Seite 33)

Für 2 Portionen
400 g Broccoli
Salz
2 Eier, hartgekocht
90 g roher Schinken
2 TL Öl
1 EL Zitronensaft
1 TL Senf
gehackte Kräuter
Pfeffer
2 TL Butter

Zubereitung
Broccoli ca. 10 Minuten in Salzwasser garen und dann abtropfen lassen. Eier und Schinken fein würfeln. Die restlichen Zutaten mit geschmolzener Butter verrühren und unter die Eier- und Schinkenwürfel heben. Die Eiersauce auf dem gegarten Broccoli servieren.

Nährwerte pro Portion: 424 kcal/1773 kJ; 22,1 g Eiweiß; 30,9 g Fett; 9,2 g Kohlenhydrate; 0,8 BE
Austausch pro Portion: 2 Gemüse; 2½ Eiweiß; 2 Fett

Avocado-Bananen-Trunk

Für 1 Portion
¼ Avocado, geschält und entkernt
60 g Banane, geschält
1 EL Zitronensaft
200 ml Milch (1,5% Fett)

Zubereitung
Alle Zutaten im Mixer glattrühren. Den Drink eiskalt servieren.

Nährwerte pro Portion: 278 kcal/1162 kJ; 8,3 g Eiweiß; 15,1 g Fett; 25,1 g Kohlenhydrate; 2,1 BE
Austausch pro Portion: 100 kcal »auf Wunsch«; 1 Obst; 1 Milch

Obst-Käse-Spieße

Für 2 Portionen
120 g Gouda (45% Fett i. Tr.)
50 g Kiwi, geschält
50 g Mandarine, geschält
125 g Apfel, geschält und entkernt
75 g blaue Trauben
100 g Ananas, geschält

Zubereitung
Käse würfeln. Alle Obstsorten grob zerkleinern. Abwechselnd auf Schaschlikspieße stecken und auf Tellern anrichten.

Nährwerte pro Portion: 351 kcal/1468 kJ; 16,4 g Eiweiß; 18,1 g Fett; 28,1 g Kohlenhydrate; 2,3 BE
Austausch pro Portion: 2 Eiweiß; 2 Obst

Eier mit Gurkenquark

Für 2 Portionen
150 g Magerquark
3 TL Mayonnaise (5% Fett)
100 g Gewürzgurke
100 g Salatgurke
1 EL Gurkenwasser
Salz, Pfeffer
Dill
2 Eier, hartgekocht

Zubereitung
Quark mit Mayonnaise, gewürfelter Gewürz- und Salatgurke sowie Gurkenwasser verrühren. Abschmecken.
Den Quark auf die halbierten Eier häufen und mit gehacktem Dill bestreut servieren.

Nährwerte pro Portion: 201 kcal/839 kJ; 18,2 g Eiweiß; 10,7 g Fett; 5,1 g Kohlenhydrate; 0,4 BE
Austausch pro Portion: ¾ Milch; 1 Fett; 1 Gemüse; 1 Eiweiß

Schinken-Meerrettich-Cocktail

Für 2 Portionen
1 EL geriebener Meerrettich
200 g Joghurt (0,3% Fett)
2 Salatblätter
90 g magerer gekochter Schinken
2 schwarze Oliven
2 Zitronenscheiben
Petersilie

Zubereitung
Meerrettich mit Joghurt verrühren. Salatblätter in 2 Cocktailgläser geben. Joghurt daraufgeben. Schinken zu Röllchen aufrollen und auf die Joghurtmasse geben. Mit Oliven, Zitronenscheiben und Petersilie garnieren.

Nährwerte pro Portion: 148 kcal/617 kJ; 14,3 g Eiweiß; 6,4 g Fett; 6,2 g Kohlenhydrate; 0,5 BE
Austausch pro Portion: ½ Milch; 1½ Eiweiß; 5 kcal »auf Wunsch«

Camembertsalat

Für 2 Portionen
120 g Camembert (45% Fett i. Tr.)
100 g Salatgurke, geschält
100 g grüne Paprikaschote, geputzt
100 g Cantaloupmelone, geschält
100 g Joghurt (0,3% Fett)
1 EL Mayonnaise (50% Fett)
Salz, Pfeffer
Curry

Zubereitung
Die ersten 4 Zutaten würfeln und mischen. Joghurt mit Mayonnaise verrühren, abschmecken und unter die Salatzutaten heben.

Nährwerte pro Portion: 269 kcal/1125 kJ; 16,0 g Eiweiß; 17,7 g Fett; 8,8 g Kohlenhydrate; 0,7 BE
Austausch pro Portion: 2 Eiweiß; 1 Gemüse; ¼ Obst; ¼ Milch; 1 Fett

Fleischsalat Madrid

Für 2 Portionen
240 g magerer Schweinebraten im Aufschnitt
100 g Paprikaschote, geputzt
30 g Zwiebel, geschält
100 g Tomaten
100 g Bleichsellerie, geputzt
10 g schwarze Oliven
200 g Joghurt (0,3% Fett)
gemischte Kräuter (evtl. Tiefkühlware)
Salz, Pfeffer
Knoblauch

Zubereitung
Schweinebraten und Paprikaschote in Streifen schneiden. Zwiebel und Tomaten würfeln. Bleichsellerie und Oliven in Scheiben schneiden. Alle Zutaten gut vermengen. Joghurt mit Kräutern und Gewürzen abschmecken, über den Salat geben und kurz durchmischen.

Nährwerte pro Portion: 289 kcal/1206 kJ; 31,2 g Eiweiß; 10,9 g Fett; 12,2 g Kohlenhydrate; 1,0 BE
Austausch pro Portion: 4 Eiweiß; 165 Gemüse; ½ Milch; 25 kcal »auf Wunsch«

Nudelsalat Harlekin (Foto Seite 34)

Für 2 Portionen
180 g Nudeln, gegart
100 g rote und grüne Paprikaschoten, geputzt
1 Zwiebel, geschält
100 g Tomaten
120 g Muscheln (konserviert im eigenen Saft)
6 TL Mayonnaise (50% Fett)
100 g Magerquark
Salz, Pfeffer
Basilikum
Zitronensaft

Zubereitung
Nudeln, gewürfelte Paprikaschoten, gehackte Zwiebel, geachtelte Tomaten und abgetropfte Muscheln vermengen. Mayonnaise mit Quark verrühren, würzen und die Creme unter den Salat heben.

Nährwerte pro Portion: 316 kcal/1322 kJ; 18,4 g Eiweiß; 9,9 g Fett; 34,5 g Kohlenhydrate; 2,9 BE
Austausch pro Portion: 1½ Getreideerzeugnisse; 1 Gemüse; 2 Eiweiß; 2 Fett; ½ Milch

Nudelsalat mit Thunfisch

Für 2 Portionen
200 g Broccoli (evtl. Tiefkühlware)
Salz
2 Eier, hartgekocht
50 g Tomaten
180 g Nudeln, gekocht
120 g Thunfisch (konserviert im eigenen Saft)
1 rote Zwiebel, geschält
4 entkernte schwarze Oliven
2 Portionen Buttermilch-Dressing (Rezept s. S. 42)

Zubereitung
Broccoli in Salzwasser garen, abkühlen lassen und zerkleinern. Eier und Tomaten würfeln. Broccoli, Eier, Tomaten, Nudeln und den abgetropften, zerkleinerten Thunfisch vermengen. Mit Zwiebelringen und halbierten Oliven garnieren. Den Salat mit Buttermilch-Dressing servieren.

Nährwerte pro Portion: 521 kcal/2178 kJ; 38,7 g Eiweiß; 21,5 g Fett; 35,8 g Kohlenhydrate; 3,0 BE
Austausch pro Portion: 1¼ Gemüse; 3 Eiweiß; 10 kcal »auf Wunsch«; ¾ Milch; 1½ Getreideerzeugnisse

Herrensalat

Für 2 Portionen
100 g Möhren, geputzt
100 g Kohlrabi, geputzt
100 g Salatgurke, geschält
100 g Zucchini, geputzt
100 g Radieschen, geputzt
120 g Thunfisch (konserviert im eigenen Saft)
1 Ei, hartgekocht
30 g geriebener Käse (45% Fett i. Tr.)
175 g Joghurt (1,5% Fett)
1 Bund Schnittlauch
Salz, Pfeffer

Zubereitung
Möhren und Kohlrabi raspeln. Salatgurke, Zucchini und Radieschen in feine Scheiben schneiden. Alles gut mit dem abgetropften, zerpflückten Thunfisch vermengen.
Das gewürfelte Ei mit Käse, Joghurt und feingeschnittenem Schnittlauch verrühren. Abschmecken und die Sauce über den Salat geben.

Nährwerte pro Portion: 388 kcal/1621 kJ; 28,0 g Eiweiß; 22,0 g Fett; 14,2 g Kohlenhydrate; 1,2 BE
Austausch pro Portion: 2½ Gemüse; 3 Eiweiß; ½ Milch

Thunfischsalat

Für 2 Portionen
240 g Thunfisch (konserviert im eigenen Saft)
30 g Zwiebel, geschält
125 g Apfel, geschält und entkernt
100 g Tomaten
6 grüne Oliven
200 g Joghurt (0,3% Fett)
2 TL Tomatenketchup
Salz, Pfeffer

Zubereitung
Thunfisch abtropfen lassen und in mundgerechte Stücke teilen. Zwiebel, Apfel und Tomaten würfeln und mit dem Thunfisch vermengen. Oliven fein hacken, mit Joghurt und Ketchup verrühren. Die Sauce abschmecken und unter den Salat heben.

Nährwerte pro Portion: 475 kcal/1984 kJ; 34,0 g Eiweiß; 27,0 g Fett; 17,3 g Kohlenhydrate; 1,4 BE
Austausch pro Portion: 4 Eiweiß; 65 g Gemüse; ½ Gemüse; ½ Obst; ½ Milch; 20 kcal »auf Wunsch«

Schinken-Eier-Salat

Für 2 Portionen
90 g gekochter Schinken
2 Eier, hartgekocht
50 g Bleichsellerie, geputzt
25 g Zwiebel, geschält
1 EL Mayonnaise (50% Fett)
1 TL Zitronensaft
1 TL Senf
Salz, Pfeffer
2 Salatblätter
2 Tomaten

Zubereitung
Schinken und Eier würfeln. Bleichsellerie in feine Scheiben, Zwiebel in feine Würfel schneiden. Alles vermengen. Mayonnaise, Zitronensaft, Senf und Gewürze verrühren und über den Salat geben. Den Salat auf Salatblättern anrichten. Mit Tomatenachteln garniert servieren.

Nährwerte pro Portion: 248 kcal/1036 kJ; 17,9 g Eiweiß; 16,2 g Fett; 4,0 g Kohlenhydrate; 0,3 BE
Austausch pro Portion: 2½ Eiweiß; ¾ Gemüse; 1 Fett

Cräcker mit Paprikadip

Für 2 Portionen
60 g magerer gekochter Schinken
100 g eingelegter Tomatenpaprika
350 g Magerquark
50 g Zwiebel, geschält
Salz, Pfeffer
Paprika, Pfeffersauce
40 g Cräcker

Zubereitung
Schinken und Tomatenpaprika fein würfeln. Mit Quark und gehackter Zwiebel verrühren und mit den Gewürzen pikant abschmecken.
Dip zu den Cräckern servieren.

Nährwerte pro Portion: 301 kcal/1258 kJ; 32,9 g Eiweiß; 4,7 g Fett; 27,3 g Kohlenhydrate; 2,3 BE
Austausch pro Portion: 2 Eiweiß; ¾ Gemüse; 1 Milch; 1 Brot

Edelpilzcräcker

Für 1 Portion
100 g Magerquark
30 g Edelpilzkäse (45% Fett i. Tr.)
25 g Zwiebel, geschält
Petersilie
½ TL Senf
1 Salatblatt
20 g Cräcker

Zubereitung
Magerquark mit Käse, feingehackter Zwiebel, gehackter Petersilie und Senf verrühren. Die Creme auf das Salatblatt häufen und mit Cräckern servieren.

Nährwerte pro Portion: 255 kcal/1068 kJ; 22,2 g Eiweiß; 7,2 g Fett; 22,2 g Kohlenhydrate; 1,9 BE
Austausch pro Portion: 1 Milch; 1 Eiweiß; ¼ Gemüse; 1 Getreideerzeugnis

Avocadotoast

Für 2 Portionen
½ Avocado, geschält und entsteint
60 g Schmelzkäse (45% Fett i. Tr.)
Salz, Pfeffer
60 g Toastbrot
¼ Bund Schnittlauch

Zubereitung

Avocado im Mixer pürieren. Das Püree mit Schmelzkäse glatt rühren und abschmecken. Auf das geröstete Toastbrot streichen und mit feingeschnittenem Schnittlauch garnieren.

Nährwerte pro Portion: 290 kcal/1211 kJ; 7,7 g Eiweiß; 19,2 g Fett; 18,6 g Kohlenhydrate; 1,5 BE
Austausch pro Portion: 100 kcal »auf Wunsch«; 1 Eiweiß; 1 Brot

Champignontoast

Für 1 Portion
200 g Champignons (Konserve)
30 g geriebener Parmesankäse
¼ TL Thymian
1 EL Senf
30 g Toastbrot
30 g Edamer (45% Fett i. Tr.)

Zubereitung

Champignons abtropfen lassen und fein hacken. Mit Parmesankäse, Thymian und Senf mischen. Die Masse auf das geröstete Toastbrot streichen. Edamer in Streifen schneiden und gitterförmig auf die Pilzmasse legen.
Toast unter dem vorgeheizten Grill erhitzen, bis der Käse geschmolzen ist.

Nährwerte pro Portion: 366 kcal/1532 kJ; 25,1 g Eiweiß; 17,6 g Fett; 23,2 g Kohlenhydrate; 1,9 BE
Austausch pro Portion: 2 Gemüse; 2 Eiweiß; 1 Brot

Pikante Käse-Waffeln (Foto Seite 34)

Für 4 Portionen
4 TL Margarine
80 g Mehl
2 Eier
100 g Magerquark
1 Messerspitze Backpulver
8 TL geriebener Käse (45% Fett i. Tr.)
6 EL Crème fraîche
Paprikapulver

Zubereitung

Margarine, Mehl, Eier, Quark, Backpulver und 6 Teelöffel Käse zu einem glatten Teig verrühren.
In einem beschichteten Waffeleisen 4 Waffeln backen. Jede Waffel mit 1½ Eßlöffel Crème fraîche bestreichen und mit dem restlichen Käse und Paprika bestreut servieren.

Nährwerte pro Portion: 291 kcal/1215 kJ; 12,6 g Eiweiß; 17,6 g Fett; 17,0 g Kohlenhydrate; 1,4 BE
Austausch pro Portion: 1 Fett; 1 Getreideerzeugnis; ½ Eiweiß; ¼ Milch; 120 kcal »auf Wunsch«

Matjesbrot

Für 2 Portionen
120 g Vollkornbrot
4 TL Halbfettbutter
125 g Apfel, geschält und entkernt
180 g Matjesfilets
1 Zwiebel, geschält
70 g Schlagsahne
1 TL geriebener Meerrettich

Zubereitung
Vollkornbrot mit Butter bestreichen. Apfel in Scheiben schneiden und auf das Brot geben. Darauf die Matjesfilets legen. Zwiebel in Ringe schneiden. Auf den Matjesfilets verteilen. Sahne steif schlagen, mit Meerrettich abschmecken und die Schnitten damit garnieren.

Nährwerte pro Portion: 605 kcal/2530 kJ; 20,8 g Eiweiß; 36,5 g Fett; 41,5 g Kohlenhydrate; 3,5 BE
Austausch pro Portion: 2 Brot; 1 Fett; ½ Obst; 3 Eiweiß; ⅛ Gemüse; 100 kcal »auf Wunsch«

Putensandwich

Für 1 Portion
50 g Champignons, geputzt
1 TL Margarine
1 TL Mehl
1 TL Instantbrühe
120 g Putenfleisch, gekocht
30 g Vollkornbrot
50 g Tomaten
Petersilie

Zubereitung
Champignons in Margarine anbraten. Mit Mehl bestäuben und mit Brühe würzen. Putenfleisch in dünne Streifen schneiden und mit den gegarten Pilzen vermengen. Die Mischung auf das Vollkornbrot geben und mit Tomatenachteln und Petersilie garnieren.

Nährwerte pro Portion: 527 kcal/2203 kJ; 29,8 g Eiweiß; 22,6 g Fett; 20,9 g Kohlenhydrate; 1,7 BE
Austausch pro Portion: 1 Gemüse; 1 Fett; 4 Eiweiß; 1 Brot; 20 kcal »auf Wunsch«

Bunte Roastbeef-Schnitte

Für 1 Portion
30 g Roggentoastbrot
1 TL Butter
30 g Roastbeef in dünnen Scheiben
1½ TL Mayonnaise (50% Fett)
1 TL milder Senf
25 g rote Paprikaschote
25 g eingelegte Gewürzgurke

Zubereitung
Toastbrot rösten, mit Butter bestreichen und mit Roastbeef belegen. Mayonnaise mit Senf, der sehr fein gewürfelten Paprikaschote und Gurke vermengen. Toast mit der Creme garniert anrichten.

Nährwerte pro Portion: 219 kcal/915 kJ; 8,8 g Eiweiß; 11,6 g Fett; 17,1 g Kohlenhydrate; 1,4 BE
Austausch pro Portion: 1 Brot; 2 Fett; 1 Eiweiß; ½ Gemüse

Schinkentoast mit Senfdressing

Für 1 Portion
30 g Roggentoastbrot
45 g magerer gekochter Schinken
½ mittelgroße Tomate
20 g Magerquark
20 g Joghurt (0,3% Fett)
1 TL Senf
½ TL Schnittlauchröllchen
Salz, Pfeffer
30 g Schweizer Käse (45% Fett i. Tr.)

Zubereitung
Toastbrot rösten. Mit gekochtem Schinken und in Scheiben geschnittener Tomate belegen. Quark, Joghurt, Senf, Schnittlauch und Gewürze verrühren, auf die Tomate geben und mit Käse bedecken. Toast unter dem vorgeheizten Grill überbacken.

Nährwerte pro Portion: 322 kcal/1346 kJ; 24,0 g Eiweiß; 15,1 g Fett; 18,1 g Kohlenhydrate; 1,5 BE
Austausch pro Portion: 1 Brot; 2½ Eiweiß; ½ Gemüse; 3/10 Milch

Shrimp-Toast

Für 1 Portion
25 ml Milch (0,3% Fett)
30 g Chester-Käse (45% Fett i. Tr.)
60 g Shrimps
1 EL eingelegte, feingehackte Peperoni
30 g Toastbrot
Dill

Zubereitung
Milch und geraspelten Käse in einem Topf langsam erhitzen, bis der Käse geschmolzen ist. Shrimps und Peperoni zufügen und erwärmen. Masse auf dem gerösteten Toastbrot anrichten und mit Dill garnieren.

Nährwerte pro Portion: 271 kcal/1133 kJ; 23,3 g Eiweiß; 10,2 g Fett; 17,5 g Kohlenhydrate; 1,5 BE
Austausch pro Portion: 1/10 Milch; 3 Eiweiß; 15 g Gemüse; 1 Brot

Hauptgerichte für Eilige

Bismarckhering mit Dillrahm

Für 1 Portion
90 g Bismarckhering
60 g Apfel, geschält und entkernt
3 EL saure Sahne
Dill
Salz, Pfeffer

Zubereitung
Bismarckheringe auf eine Platte geben. Mit in Scheiben geschnittenem Apfel bedecken. Saure Sahne mit gehacktem Dill und Gewürzen abschmecken und zum Fisch servieren.

Nährwerte pro Portion: 290 kcal/1212 kJ; 16,4 g Eiweiß; 19,1 g Fett; 9,4 g Kohlenhydrate; 0,8 BE
Austausch pro Portion: 3 Eiweiß; ½ Obst; 100 kcal »auf Wunsch«

Fisch-Filet Marina

Für 2 Portionen
300 g Kabeljaufilet (Rohgewicht)
Zwiebelsalz
Pfeffer
Paprika
2 TL Worcestershiresauce
50 ml Buttermilch (1% Fett)

Zubereitung
Fisch in eine feuerfeste Backform geben.
Mit Gewürzen bestreuen. Worcestershiresauce mit Buttermilch mischen und über den Fisch gießen, dann im vorgeheizten Ofen bei 225° ca. 10–15 Minuten backen.

Nährwerte pro Portion: 132 kcal/552 kJ; 27,4 g Eiweiß; 0,7 g Fett; 1,0 g Kohlenhydrate; 0,1 BE
Austausch pro Portion: 4 Eiweiß; 1/10 Milch

Gegrillte Forelle mit Dillkartoffeln

Für 1 Portion
200 g Kartoffeln
210 g Forelle (Rohgewicht mit Gräten)
Essig
Salz
Dill
4 TL Halbfettbutter

Zubereitung
Kartoffeln in Wasser garen. Inzwischen die Forelle säubern, säuern und von innen salzen. Unter dem vorgeheizten Grill von beiden Seiten etwa 10 Minuten grillen.
Kartoffeln abgießen, pellen, mit gehacktem Dill bestreuen und mit Butterflöckchen belegen. Mit der Forelle anrichten.

Nährwerte pro Portion: 422 kcal/1764 kJ; 34,1 g Eiweiß; 12,3 g Fett; 37,7 g Kohlenhydrate; 3,1 BE
Austausch pro Portion: 4 Eiweiß; 2 Kartoffeln; 2 Fett

Kabeljau mit Kapern

Für 2 Portionen
240 g Kabeljaufilet (Rohgewicht)
Saft einer Zitrone
Zwiebelsalz, Paprika
½ EL Kapern
½ Zitrone in Scheiben

Zubereitung
Kabeljaufilet in Streifen schneiden. In eine feuerfeste Form geben. Mit Zitronensaft beträufeln und würzen. Die Kapern zufügen und die Zitronenscheiben obenauf legen. Den Fisch bei 200 °C im vorgeheizten Ofen zugedeckt etwa 15 Minuten garen.

Nährwerte pro Portion: 107 kcal/446 kJ; 21,4 g Eiweiß; 0,7 g Fett; 2,1 g Kohlenhydrate; 0,2 BE
Austausch pro Portion: 3 Eiweiß

Makrelentopf

Für 4 Portionen
50 g Zwiebel, geschält
200 g Möhren, geputzt
100 g Paprikaschote, geputzt
2 TL Margarine
2 TL Mehl
200 g Tomaten, abgezogen
1 kleiner Brühwürfel
360 g geräuchertes Makrelenfilet
Sojasauce
Zitronensaft
Pfeffer, Salz
70 g Schlagsahne

Zubereitung
Gehackte Zwiebel, in Scheiben geschnittene Möhren und gewürfelte Paprikaschote in der Margarine andünsten. Mit Mehl bestäuben. Gewürfelte Tomaten, 125 ml Wasser und Brühwürfel zufügen. Das Gemüse etwa 15 Minuten garen. Makrelenfilet würfeln und mit erwärmen, alles mit den Gewürzen abschmecken und mit Sahne verfeinern.

Nährwerte pro Portion: 343 kcal/1433 kJ; 21,0 g Eiweiß; 22,0 g Fett; 10,9 g Kohlenhydrate; 0,9 BE
Austausch pro Portion: 1¼ Gemüse; ½ Fett; 57,5 kcal »auf Wunsch«; 3 Eiweiß

Krabbentopf

Für 4 Portionen
2 EL Olivenöl
300 g Broccoli, geputzt (eventuell Tiefkühlware)
150 g Zwiebeln, geschält
150 g grüne Paprikaschote, geputzt
480 g Krabbenfleisch
1 Knoblauchzehe, geschält
2 TL Instantbrühe
Salz
Thymian
Petersilie

Zubereitung
Olivenöl erhitzen, Broccoliröschen, gewürfelte Zwiebeln, gewürfelte Paprikaschote und das Krabbenfleisch kurz darin anschmoren. Anschließend 125 ml Wasser angießen, gehackten Knoblauch und die Instantbrühe zufügen und alles etwa 15 Minuten garen. Vor dem Servieren mit Salz und Thymian abschmecken und mit gehackter Petersilie bestreut anrichten.

Nährwerte pro Portion: 242 kcal/1010 kJ; 26,3 g Eiweiß; 9,8 g Fett; 8,7 g Kohlenhydrate; 0,7 BE
Austausch pro Portion: 1½ Fett; 1½ Gemüse; 4 Eiweiß; 5 kcal »auf Wunsch«

Schollenfilets mit Sherry-Gemüse

Für 2 Portionen
300 g Schollenfilets (Rohgewicht)
Zitronensaft
Salz
100 g Tomate
50 g Paprikaschote, geputzt
150 g frische Champignons, geputzt
2 TL Margarine
2 TL Mehl
100 ml Sherry
Pfeffer

Zubereitung
Schollenfilets säubern, säuern und salzen. In wenig Salzwasser gar dünsten. Tomaten häuten, würfeln und mit gewürfelter Paprikaschote und in Scheiben geschnittenen Champignons in Margarine etwa 5 Minuten schmoren. Mit Mehl bestäuben und mit Sherry ablöschen. Weitere 5 Minuten schmoren, dann mit Pfeffer und Salz würzen. Das Gemüse zu den Schollenfilets servieren.

Nährwerte pro Portion: 315 kcal/1317 kJ; 29,1 g Eiweiß; 5,6 g Fett; 8,9 g Kohlenhydrate; 0,7 BE
Austausch pro Portion: 4 Eiweiß; 1½ Gemüse; 1 Fett; 110 kcal »auf Wunsch«

Peking-Suppe

Für 2 Portionen
25 g Zwiebel, geschält
2 TL Margarine
240 g Hühnerfleisch, gekocht
4 TL Instantbrühe
10 g chinesische Pilze, eingeweicht
100 g Porree, geputzt
50 g eingelegter Tomatenpaprika
100 g Sojabohnenkeime (Konserve)
100 g Bambussprossen (Konserve)
60 g Reis, zubereitet
Sojasauce
Salz, Essig
1 TL Zucker

Zubereitung
Gehackte Zwiebel in Margarine glasig dünsten. Das gewürfelte Hühnerfleisch hinzufügen. Mit 750 ml Wasser ablöschen. Brühe, zerkleinerte Pilze und in Ringe geschnittenen Porree dazugeben und alles 15 Minuten garen. Anschließend in Streifen geschnittenen Tomatenpaprika, Sojabohnenkeime, Bambussprossen und Reis in der Suppe erwärmen.
Die Suppe mit den Gewürzen süßsauer abschmecken und dann sofort servieren.
Tip: Verwenden Sie die Einweichflüssigkeit von den Pilzen mit, allerdings sollten Sie sie vorher durchseihen.

Nährwerte pro Portion: 548 kcal/2290 kJ; 60,8 g Eiweiß; 15,7 g Fett; 31,9 g Kohlenhydrate; 2,7 BE
Austausch pro Portion: 2 Gemüse; 1 Fett; 4 Eiweiß; 30 kcal »auf Wunsch«; ½ Getreideerzeugnis

Geflügel-Obst-Platte

Für 2 Portionen
Salatblätter
240 g gegartes Hühnerfleisch, enthäutet
60 g Apfel, geschält und entkernt
50 g Ananas (Konserve ohne Zucker)
100 g Kiwi, geschält
60 g Banane, geschält
1 EL Ananassaft (ohne Zucker)
200 ml Dickmilch (1,5% Fett)
1 EL Mayonnaise (50% Fett)
Salz, Pfeffer
Curry

Zubereitung
Eine Platte mit Salatblättern auslegen. Darauf das Hühnerfleisch legen.
Apfel würfeln, Ananas in Stücke, Kiwi und Banane in Scheiben schneiden. Obst auf dem Fleisch verteilen.
Für die Sauce Ananassaft, Dickmilch und Mayonnaise verrühren, kräftig abschmecken und über das Obst geben.

Nährwerte pro Portion: 340 kcal/1422 kJ; 41,2 g Eiweiß; 7,3 g Fett; 22,6 g Kohlenhydrate; 1,9 BE
Austausch pro Portion: 4 Eiweiß; 1½ Obst; ½ Milch; 1 Fett

Hähnchen Diana

Für 4 Portionen
600 g Hähnchenbrüste, enthäutet (Rohgewicht)
8 TL Margarine
100 g Zwiebeln, geschält
1 Bund Petersilie
8 TL Tomatenketchup
50 ml trockener Sherry
Worcestersauce
2 TL Senf

Zubereitung
Hähnchenfleisch in der Hälfte der erhitzten Margarine auf beiden Seiten anbraten und bei milder Hitze fertigbraten. Warmstellen. In der gleichen Pfanne mit der restlichen Margarine die gewürfelte Zwiebel glasig dünsten. Gehackte Petersilie, Ketchup, Sherry, Worcestersauce und den Senf hinzufügen und vorsichtig unter Rühren erhitzen.
Die Sauce über die Hähnchenbrüste träufeln und das Gericht sofort servieren.

Nährwerte pro Portion: 287 kcal/1198 kJ; 34,8 g Eiweiß; 9,5 g Fett; 4,9 g Kohlenhydrate; 0,4 BE
Austausch pro Portion: 4 Eiweiß; 2 Fett; ¼ Gemüse; 35 kcal »auf Wunsch«

Gegrillte Hähnchenbrüste

Für 2 Portionen
240 g Hähnchenbrüste, gekocht
Marinade:
2 TL Öl
2 TL Orangenmarmelade
1 EL Zitronensaft
1 TL Zucker
1 Messerspitze getrockneter Ingwer
1 TL Senf
Salz, Pfeffer

Zubereitung
Alle Zutaten für die Marinade verrühren.
Die Hähnchenbrüste damit bestreichen und unter dem vorgeheizten Grill überbräunen.

Nährwerte pro Portion: 244 kcal/1020 kJ; 36,5 g Eiweiß; 6,4 g Fett; 5,9 g Kohlenhydrate; 0,5 BE
Austausch pro Portion: 1 Fett; 4 Eiweiß; 30 kcal »auf Wunsch«

Hähnchen Marsala

Für 2 Portionen
240 g Hähnchenfleisch (Rohgewicht), enthäutet
4 TL Margarine
100 g Zwiebel, geschält
2,5 ml Rotwein
1 TL Instantbrühe
62,5 ml ungesüßter Apfelsaft
1 TL Mehl
75 g blaue Trauben
Salz, Pfeffer

Zubereitung
Hähnchenfleisch in Margarine anbraten. Gewürfelte Zwiebeln hinzufügen und mitdünsten. Mit Rotwein ablöschen. Brühe einrühren. Apfelsaft mit Mehl verrühren und hinzufügen. Kochen lassen, bis die Sauce etwas eindickt. Trauben halbieren, entkernen und in der Sauce erwärmen. Das Gericht pikant abschmecken.

Nährwerte pro Portion: 305 kcal/1277 kJ; 29,2 g Eiweiß; 9,6 g Fett; 16,8 g Kohlenhydrate; 1,4 BE
Austausch pro Portion: 3 Eiweiß; 2 Fett; ½ Gemüse; 35 kcal »auf Wunsch«; ¾ Obst

Schaschlik Exotica (Foto Seite 35)

Für 1 Portion
150 g Hähnchenbrustfilet (Rohgewicht)
100 g Zucchini
100 g rote Paprikaschote, geputzt
50 g Zwiebel, geschält
120 g Banane, geschält
Pfeffer, Salz
Curry
2 EL Tomatenmark
3 EL saure Sahne
Pfeffersauce

Zubereitung
Die ersten fünf Zutaten in etwa 3 cm große Stücke schneiden und abwechselnd auf Schaschlikspieße stecken. Mit Pfeffer und Curry würzen und die Spieße unter dem vorgeheizten Grill von allen Seiten bräunen, anschließend salzen. Tomatenmark mit saurer Sahne verrühren, die Sauce abschmecken und zum Schaschlik servieren.

Nährwerte pro Portion: 412 kcal/1722 kJ; 40,0 g Eiweiß; 6,9 g Fett; 43,3 g Kohlenhydrate; 3,6 BE
Austausch pro Portion: 4 Eiweiß; 2½ Gemüse; 2 Obst; 120 kcal »auf Wunsch«

Putenschnitzel mit Preiselbeer-Orangen-Relish

Für 2 Portionen
240 g Putenschnitzel (Rohgewicht)
2 TL Margarine
Salz, Pfeffer
Relish:
2 TL Preiselbeerkonfitüre
2 EL Orangensaftkonzentrat
1 TL Orangenkonfitüre

Zubereitung
Alle Zutaten für das Relish verrühren.
Die Putenschnitzel auf beiden Seiten in der erhitzten Margarine braten. Anschließend leicht salzen und pfeffern. Schnitzel auf vorgewärmte Teller geben und mit dem Relish garniert servieren.

Nährwerte pro Portion: 371 kcal/1551 kJ; 18,4 g Eiweiß; 17,4 g Fett; 13,5 g Kohlenhydrate; 1,1 BE
Austausch pro Portion: ½ Obst; 1 Fett; 3 Eiweiß; 30 kcal »auf Wunsch«

Putenschnitzel mit Früchtereis

(Foto Seite 35)

Für 2 Portionen
80 g Reis
Curry, Salz
100 g Fruchtcocktail (Konserve ohne Zucker
300 g Putenschnitzel (Rohgewicht)
2 TL Margarine
2 EL Fruchtsaft (ohne Zucker)

Zubereitung
Reis in 160 ml Wasser mit Curry und Salz garen. Anschließend Fruchtcocktail unterheben. Putenschnitzel würzen und in der Margarine auf beiden Seiten braten. Warm stellen. Den Bratfond mit Fruchtsaft lösen.
Putenschnitzel mit Früchtereis und Sauce servieren.

Nährwerte pro Portion: 556 kcal/2323 kJ; 25,8 g Eiweiß; 20,8 g Fett; 37,0 g Kohlenhydrate; 3,1 BE
Austausch pro Portion: 2 Getreideerzeugnisse; ½ Obst; 4 Eiweiß; 1 Fett

Chinesischer Eintopf

Für 2 Portionen
300 g Tatar (Beefsteakhack/Rohgewicht)
30 g Brötchen, eingeweicht
100 g Zwiebeln, geschält
Salz, Pfeffer, Oregano
1 EL Senf
2 TL Margarine
200 g Zucchini, geputzt
40 g Reis
450 g Tomaten (Konserve)
2 TL Instantbrühe
300 g Sojasprossen
1 Bund Schnittlauch

Zubereitung
Tatar mit dem ausgedrückten, zerpflückten Brötchen und den gewürfelten Zwiebeln vermengen. Mit Gewürzen und Senf abschmecken. Die Mischung in Margarine anbraten, dann in Scheiben geschnittene Zucchinis, Reis, Tomaten und die in 100 ml Wasser gelöste Brühe hinzufügen. Alles 20 Minuten garen. 5 Minuten vor Garzeitende die Sojasprossen zufügen. Den Eintopf mit feingeschnittenem Schnittlauch bestreut anrichten.

Nährwerte pro Portion: 476 kcal/1922 kJ; 39,7 g Eiweiß; 12,6 g Fett; 44,6 g Kohlenhydrate; 3,7 BE
Austausch pro Portion: 4 Eiweiß; 1½ Getreideerzeugnisse; 5¼ Gemüse; 1 Fett; 10 kcal »auf Wunsch«

Kassler mit Broccoli und Remouladensauce

Für 1 Portion
300 g Broccoli (Tiefkühlware)
Salz
120 g Kassler (Rohgewicht)
1 TL Margarine
1 Portion Remouladensauce (Rezept Seite 104)

Zubereitung
Broccoli in Salzwasser ca. 12–15 Minuten garen. Inzwischen das Kassler in der Margarine auf beiden Seiten braten. Broccoli abgießen.
Fleisch und Gemüse auf einem vorgewärmten Teller anrichten und die Remouladensauce dazu servieren.

Nährwerte pro Portion: 585 kcal/2447 kJ; 36,6 g Eiweiß; 37,0 g Fett; 19,1 g Kohlenhydrate, 1,6 BE
Austausch pro Portion: 3 Eiweiß; 1 Fett; 3 Gemüse; ½ Milch

Rindfleischpfanne

Für 2 Portionen
300 g Zwiebeln, geschält
200 g Champignons (Konserve)
2 TL Margarine
300 g Tomaten, abgezogen
240 g Tatar (Beefsteakhack/Rohgewicht)
Salz, Pfeffer
Curry
3 EL Crème fraîche
4 TL Tomatenketchup
4 TL Weißwein

Zubereitung
Zwiebeln in Streifen schneiden, geputzte Pilze halbieren. Beides in der Margarine anbraten. Gewürfelte Tomaten und Hackfleisch hinzufügen und mitbraten. Alles pikant würzen und mit Crème fraîche, Ketchup und Weißwein verfeinern. Sofort servieren.

Nährwerte pro Portion: 399 kcal/1669 kJ; 29,4 g Eiweiß; 17,7 g Fett; 25,5 g Kohlenhydrate; 2,1 BE
Austausch pro Portion: 4 Gemüse; 1 Fett; 3 Eiweiß; 120 kcal »auf Wunsch«

Schnitzelpfanne

Für 2 Portionen
150 g Schweineschnitzel (Rohgewicht)
4 TL Margarine
90 g gekochter Schinken
120 g Banane, geschält
4 TL geriebener Käse

Zubereitung
Schnitzel in feine Streifen schneiden und in Margarine anbraten. Schinken würfeln, Banane in Scheiben schneiden, beides zum Fleisch geben und gut durchwärmen.
Das Gericht vor dem Servieren mit Käse bestreuen.

Nährwerte pro Portion: 400 kcal/1670 kJ; 28,8 g Eiweiß; 22,9 g Fett; 14,2 g Kohlenhydrate; 1,2 BE
Austausch pro Portion: 3½ Eiweiß; 2 Fett; 1 Obst; 20 kcal »auf Wunsch«

Schinkenpizza

Für 1 Portion
60 g gekühlter Frischteig für Brötchen (Fertigprodukt)
2 TL Ketchup
45 g magerer gekochter Schinken
30 g Käse (45% Fett i. Tr.)

Zubereitung
Teig auf Alufolie ca. 15–20 cm im Durchmesser ausrollen. Dann mit Ketchup bestreichen und mit gewürfeltem Schinken und Käse belegen.
Die Pizza im vorgeheizten Ofen auf der mittleren Schiene bei 200 °C etwa 15 Minuten backen, bis der Käse geschmolzen ist.

Nährwerte pro Portion: 387 kcal/1617 kJ; 22,6 g Eiweiß; 15,4 g Fett; 34,2 g Kohlenhydrate; 2,8 BE
Austausch pro Portion: 2 Getreideerzeugnisse; 10 kcal »auf Wunsch«; 2½ Eiweiß

Schinkentopf

Für 2 Portionen
100 g Zwiebeln, geschält
2 TL Öl
180 g gekochter Schinken
120 g Bananen, geschält
200 g Ananas (Konserve ohne Zucker)
400 g Tomaten
Salz, Pfeffer
70 g Schlagsahne
2 EL Weißwein
4 EL Ananassaft (ohne Zucker)

Zubereitung
Gewürfelte Zwiebeln in Öl glasig dünsten. Schinken in Streifen schneiden und kurz mit andünsten. Banane, Ananas und Tomaten zerkleinern und hinzufügen. Alles etwa 10 Minuten schmoren lassen. Abschmecken und mit Schlagsahne, Weißwein und Ananassaft verfeinern.

Nährwerte pro Portion: 538 kcal/2248 kJ; 23,8 g Eiweiß; 28,4 g Fett; 39,8 g Kohlenhydrate; 3,3 BE
Austausch pro Portion: 2½ Gemüse; 1 Fett; 3 Eiweiß; 2 Obst; 115 kcal »auf Wunsch«

Süßsaurer Gemüseeintopf mit Kasseler

Für 2 Portionen
2 TL Margarine
240 g Kasseler (Rohgewicht)
100 g Zwiebeln, geschält
150 g Porree, geputzt
150 g Möhren
4 EL Tomatenmark
2 kleine Brühwürfel
1 Lorbeerblatt
100 g eingelegte Dillgurken
70 g Schlagsahne
Salz, Pfeffer
Süßstoff
Paprika

Zubereitung
Margarine schmelzen. Gewürfeltes Kasseler, gehackte Zwiebeln und in Ringe geschnittenen Porree darin andünsten. Gewürfelte Möhren und Tomatenmark hinzufügen. Mit 500 ml Wasser ablöschen. Brühwürfel und Lorbeerblatt einrühren und 15–20 Minuten garen. Gewürfelte Dillgurken in der Suppe erwärmen und mit Sahne und Gewürzen abschmecken.

Nährwerte pro Portion: 654 kcal/2735 kJ; 28,3 g Eiweiß; 47,5 g Fett; 20,7 g Kohlenhydrate; 1,7 BE
Austausch pro Portion: 1 Fett; 3 Eiweiß; 2½ Gemüse; 130 kcal »auf Wunsch«

Broccoli mit Eiersauce (Rezept Seite 17)
Seite 34: *Nudelsalat Harlekin (Rezept Seite 19) und Pikante Käsewaffeln (Rezept Seite 22)*

Beilagen mit Pfiff

Chicorée mit Obst

Für 4 Portionen
250 g Chicorée, geputzt
125 g Birne, geschält und entkernt
100 g Ananas (Konserve ohne Zucker)
2 EL Ananassaft (ohne Zucker)
1 Zwiebel, geschält
2 TL Zucker
2–4 EL Weinessig
Salz

Zubereitung
Chicorée in Ringe schneiden. Birne und Ananas würfeln. Ananassaft mit geriebener Zwiebel, Zucker, Essig und Salz zu einer Marinade verrühren. Über den Salat geben.

Nährwerte pro Portion: 60 kcal/252 kJ; 1,3 g Eiweiß; 0,3 g Fett; 13,1 g Kohlenhydrate; 1,1 BE
Austausch pro Portion: 3/8 Gemüse; 1/2 Obst; 10 kcal »auf Wunsch«

Frühlingssalat

Für 6 Portionen
300 g Eisbergsalat, verlesen
100 g Radieschen, geputzt
100 g Bleichsellerie, geputzt
6 Blätter Kopfsalat
6 Portionen Diplomaten-Dressing (Rezept Seite 42)
1 Bund Petersilie

Zubereitung
Eisbergsalat in Streifen, Radieschen und Bleichsellerie in Scheiben schneiden. Alles gut vermengen.
Eine Schüssel mit Salatblättern auslegen, den Salat daraufgeben. Diplomaten-Dressing über den Salat geben. Mit feingehackter Petersilie bestreuen.

Nährwerte pro Portion: 89 kcal/373 kJ; 2,7 g Eiweiß; 6,6 g Fett; 4,2 g Kohlenhydrate; 0,3 BE
Austausch pro Portion: 1 Gemüse; 1/6 Milch; 1 1/2 Fett

Karottensalat mit Honig (Rezept Seite 39) und Zucchini-Paprikasalat mit Buttermilch-Dressing (Rezept Seite 40)
Seite 35: *Putenschnitzel mit Früchtereis (Rezept Seite 30) und Schaschlik Exotica (Rezept Seite 29)*

Champignonspieß

Für 1 Portion
100 g frische Champignons, geputzt
100 g frische Ananas, geschält
90 g magerer gekochter Schinken
1 TL Öl
50 g Zwiebel, geschält
1 TL Margarine
35 g Schlagsahne
Curry
Salz, Pfeffer
Paprika

Zubereitung
Champignons, gewürfelte Ananas und gewürfelten Schinken abwechselnd auf Schaschlikspieße stecken. In Öl von allen Seiten bräunen. Warm stellen.
Feingewürfelte Zwiebel in Margarine glasig dünsten, die Sahne einrühren, mit den Gewürzen abschmecken. Die Sauce zu dem Spieß servieren.

Nährwerte pro Portion: 492 kcal/2058 kJ; 23,9 g Eiweiß; 32,1 g Fett; 22,2 g Kohlenhydrate; 1,9 BE
Austausch pro Portion: 1½ Gemüse; 1 Obst; 3 Eiweiß; 100 kcal »auf Wunsch«

Eisbergsalat mit Orangen

Für 2 Portionen
200 g Eisbergsalat, verlesen
200 g Orangen, geschält
250 ml Buttermilch (max. 1% Fett)
4 EL Zitronensaft
Süßstoff

Zubereitung
Eisbergsalat in Streifen, Orangen in Stücke schneiden und miteinander vermengen. Buttermilch mit Zitronensaft und Süßstoff abschmecken.
Marinade über den Salat gießen und alles kurz durchmischen.

Nährwerte pro Portion: 115 kcal/480 kJ; 6,6 g Eiweiß; 1,1 g Fett; 19,2 g Kohlenhydrate; 1,6 BE
Austausch pro Portion: 1 Gemüse; 1 Obst; ½ Milch

Bunter Gemüse-Reis-Salat

Für 2 Portionen
50 g Bleichsellerie, geputzt
50 g grüne Paprikaschote, geputzt
50 g rote Paprikaschote, geputzt
1 kleine Zwiebel, geschält
1 EL gehackte Petersilie
180 g Reis, gegart
1 TL Olivenöl
1 TL Weinessig
Salz, Pfeffer
Oregano
Basilikum

Zubereitung
Sellerie, Paprikaschoten und Zwiebel würfeln. Mit Petersilie und Reis vermengen. Öl und Essig verrühren und über den Salat geben. Mit den Gewürzen und Trockenkräutern pikant abschmecken.

Nährwerte pro Portion: 162 kcal/677 kJ; 3,2 g Eiweiß; 2,9 g Fett; 28,8 g Kohlenhydrate; 2,4 BE
Austausch pro Portion: 1 Gemüse; 1½ Getreideerzeugnisse; ½ Fett

Pikanter Orangensalat

Für 2 Portionen
200 g Orangen, geschält
1 rote Zwiebel, geschält
4 schwarze Oliven, entkernt
2 EL Zitronensaft
1 EL Olivenöl
1 kleine Knoblauchzehe
Salz, Pfeffer
Petersilie zum Garnieren

Zubereitung
Orangen in Stücke, Zwiebeln in Ringe und Oliven in Scheiben schneiden. Alles gut vermengen. Aus Zitronensaft, Öl, zerdrücktem Knoblauch und Gewürzen eine Marinade bereiten und über den Salat geben. Gut durchziehen lassen, dann mit gehackter Petersilie bestreut servieren.

Nährwerte pro Portion: 152 kcal/633 kJ; 1,6 g Eiweiß; 8,7 g Fett; 16,0 g Kohlenhydrate; 1,3 BE
Austausch pro Portion: 1 Obst; ¼ Gemüse; 1½ Fett; 10 kcal »auf Wunsch«

Karottensalat mit Honig (Foto Seite 36)

Für 2 Portionen
200 g Möhren, geputzt
125 g Apfel, geschält und entkernt
10 g getrocknete Pflaumen
10 g Rosinen
1 TL Sonnenblumenkerne
1½ EL Zitronensaft
½ TL Honig

Zubereitung
Möhren und Apfel grob raspeln. Pflaumen und Rosinen hakken. Alles mit den Sonnenblumenkernen vermengen.
Aus Zitronensaft und Honig eine Marinade bereiten und mit den übrigen Zutaten mischen.

Nährwerte pro Portion: 117 kcal/491 kJ; 1,4 g Eiweiß; 0,5 g Fett; 24,3 g Kohlenhydrate; 2,0 BE
Austausch pro Portion: 1 Gemüse; 1 Obst; 15 kcal »auf Wunsch«

Tiroler Möhrensalat

Für 1 Portion
10 g Zwiebel, geschält
150 g Möhren, geputzt
150 g Sauerkraut (Konserve)
2 TL Öl
½ TL Senf
1 TL Kümmel
Süßstoff
Salz, Pfeffer

Zubereitung
Zwiebel hacken. Mit feingeraspelten Möhren und Sauerkraut mischen. Die restlichen Zutaten zu einer Sauce verrühren und mit dem Salat vermengen.

Nährwerte pro Portion: 218 kcal/910 kJ; 3,9 g Eiweiß; 10,7 g Fett; 20,0 g Kohlenhydrate; 1,7 BE
Austausch pro Portion: 3 Gemüse; 2 Fett; 20 kcal »auf Wunsch«

Gurkensalat Agathe

Für 2 Portionen
300 g Salatgurke
100 g Gewürzgurken
6 EL saure Sahne
Dill
Salz, Pfeffer

Zubereitung
Salatgurke waschen und mit der Schale in feine Scheiben hobeln. Gewürzgurke fein würfeln. Saure Sahne mit gehacktem Dill, Salz und Pfeffer abschmecken.
Salat und Sauce vermengen und alles gut durchziehen lassen.

Nährwerte pro Portion: 119 kcal/499 kJ; 2,5 g Eiweiß; 4,9 g Fett; 4,4 g Kohlenhydrate; 0,4 BE
Austausch pro Portion: 2 Gemüse; 100 kcal »auf Wunsch«

Gemischte Rohkost

Für 1 Portion
100 g Möhren, geputzt
100 g Porree, geputzt
100 g eingelegte Gewürzgurke
1 EL Mayonnaise (50% Fett)
2 TL Schnittlauchröllchen
Salz, Pfeffer

Zubereitung
Möhren fein raspeln. Porree in hauchdünne Ringe schneiden. Gewürzgurke würfeln. Alles mit Mayonnaise und Schnittlauch verrühren, würzen und anrichten.

Nährwerte pro Portion: 165 kcal/690 kJ; 4,0 g Eiweiß; 8,5 g Fett; 17,0 g Kohlenhydrate; 1,4 BE
Austausch pro Portion: 3 Gemüse; 2 Fett

Süße Rohkost

Für 4 Portionen
200 g Joghurt (0,3% Fett)
2 EL Zitronensaft
2 TL Zucker
200 g Sellerie, geschält
250 g Äpfel, geschält und entkernt
240 g Bananen, geschält

Zubereitung
Joghurt, Zitronensaft und Zucker verrühren. Sellerie und Äpfel grob raspeln. Mit der Joghurtmarinade verrühren. Bananen in Scheiben schneiden und unterheben. Sofort servieren.

Nährwerte pro Portion: 142 kcal/594 kJ; 3,9 g Eiweiß; 0,6 g Fett; 30,5 g Kohlenhydrate; 2,5 BE
Austausch pro Portion: ¼ Milch; 10 kcal »auf Wunsch«; ½ Gemüse; 1½ Obst

Zucchini-Paprika-Salat (Foto Seite 36)

Für 2 Portionen
300 g Zucchini, geputzt
150 g Paprikaschoten, geputzt
50 g rote Zwiebel, geschält
1 EL Zitronensaft
2 Portionen Buttermilch-Dressing (Rezept Seite 42)

Zubereitung
Zucchini, Paprikaschoten und Zwiebel in feine Streifen schneiden und mit Zitronensaft vermengen.
Dazu das Buttermilch-Dressing servieren.

Nährwerte pro Portion: 108 kcal/451 kJ; 11,0 g Eiweiß; 1,1 g Fett; 12,4 g Kohlenhydrate; 1,0 BE
Austausch pro Portion: 2½ Gemüse; ¾ Milch

Apfel-Zucchini-Gemüse

Für 2 Portionen
500 g Zucchini, geputzt
50 g Zwiebel, geschält
4 TL Margarine
250 g Äpfel, geschält und entkernt
Salz, Pfeffer
Zimt

Zubereitung
Zucchini und Zwiebel in Scheiben schneiden. In heißer Margarine etwa 5 Minuten weichdünsten. In Scheiben geschnittene Äpfel hinzufügen, würzen und alles weitere 5 Minuten zugedeckt garen. Sofort servieren.

Nährwerte pro Portion: 180 kcal/754 kJ; 2,3 g Eiweiß; 9,1 g Fett; 21,4 g Kohlenhydrate; 1,8 BE
Austausch pro Portion: 2¾ Gemüse; 2 Fett; 1 Obst

Überbackene Tomaten

Für 2 Portionen
400 g Tomaten
Oregano, Pfeffer
1 Zwiebel, geschält
20 g Paniermehl
4 TL geriebener Käse
2 TL Butter

Zubereitung
Tomaten in Scheiben schneiden. In eine feuerfeste Form einschichten. Mit Oregano und Pfeffer bestreuen und mit in Ringe geschnittener Zwiebel belegen. Paniermehl und Käse vermengen. Auf die Tomaten streuen. Mit Butterflöckchen belegen und die Tomaten unter dem vorgeheizten Grill goldgelb überbacken.

Nährwerte pro Portion: 171 kcal/713 kJ; 6,6 g Eiweiß; 7,7 g Fett; 17,8 g Kohlenhydrate; 1,5 BE
Austausch pro Portion: 2 Gemüse; ½ Getreideerzeugnis; 20 kcal »auf Wunsch«; 1 Fett

Zucchini in Kräuterrahm

Für 2 Portionen
500 g Zucchini, geputzt
125 ml Weißwein
1 kleiner Brühwürfel
3 TL Margarine
3 TL Mehl
35 g Schlagsahne
gemischte Kräuter, z. B. Petersilie, Basilikum, Dill (eventuell Tiefkühlware)

Zubereitung
Zucchini in Scheiben schneiden und in 100 ml Wasser mit Wein und Brühwürfel etwa 10 Minuten garen. Gemüse abgießen, Kochsud auffangen.
Margarine schmelzen, Mehl darin anschwitzen, nach und nach unter ständigem Rühren den Gemüsesud angießen. Sauce kurz durchkochen, dann die Zucchinischeiben zufügen.
Zum Schluß Sahne und gehackte Kräuter unterziehen. Das Gemüse sofort servieren.

Nährwerte pro Portion: 213 kcal/891 kJ; 3,5 g Eiweiß; 12,4 g Fett; 9,6 g Kohlenhydrate; 0,8 BE
Austausch pro Portion: 2½ Gemüse; 1½ Fett; 120 kcal »auf Wunsch«

Süßsaure Barbecue-Sauce

Für 2 Portionen
125 g Pfirsiche (Konserve ohne Zucker)
2 EL Pfirsichsaft (ohne Zucker
1 EL Essig
1½ TL Sojasauce
½ TL brauner Zucker
Knoblauchpulver
Salz, Pfeffer

Zubereitung
Alle Zutaten im Mixer pürieren.
Anschließend in einer beschichteten Pfanne etwa 5 Minuten einkochen lassen.
Die Sauce paßt gut zu gegrilltem Fleisch.

Nährwerte pro Portion: 34 kcal/141 kJ; 0,5 g Eiweiß; 0,1 g Fett; 7,8 g Kohlenhydrate; 0,7 BE
Austausch pro Portion: ½ Obst; 5 kcal »auf Wunsch«

Buttermilch-Dressing

Für 2 Portionen
100 g Magerquark
125 ml Buttermilch (max. 1% Fett)
1 Bund Petersilie
1 TL Zitronensaft
½ TL Senf
Salz, Pfeffer
Koriander

Zubereitung
Quark mit Buttermilch glattrühren. Dann die fein gehackte Petersilie und die restlichen Zutaten unterrühren. Nochmals pikant abschmecken.
Das Dressing paßt gut zu rohem Gemüse als Dip oder zu Salaten.

Austausch pro Portion: 61 kcal/255 kJ; 8,9 g Eiweiß; 0,4 g Fett; 4,5 g Kohlenhydrate; 0,4 BE
Austausch pro Portion: ¾ Milch

Diplomaten-Dressing

Für 6 Portionen
1 EL eingelegter Tomatenpaprika
1 TL gehackte Petersilie
¼ l Buttermilch (max. 1% Fett)
3 EL Mayonnaise (80% Fett)
1 TL Zitronensaft
½ TL getrocknete Zwiebelflocken
¼ TL Dillsamen
Salz, Pfeffer

Zubereitung
Tomatenpaprika sehr fein würfeln. Dann mit allen übrigen Zutaten vermischen und glattrühren. Das Dressing pikant abschmecken.
Paßt gut zu kaltem Braten oder Rohkostsalaten.

Nährwerte pro Portion: 74 kcal/308 kJ; 1,6 g Eiweiß; 6,4 g Fett; 1,8 g Kohlenhydrate; 0,1 BE
Austausch pro Portion: ⅙ Milch; 1½ Fett

Desserts zum Abschluß

Apfel-Dickmilch

Für 1 Portion
125 g Apfel, geschält und entkernt
20 g Rosinen
20 g Haferflocken
200 ml Dickmilch (1,5% Fett)
2 TL flüssiger Honig

Zubereitung
Apfel grob raspeln. Mit Rosinen, Haferflocken und Dickmilch verrühren und mit Honig süßen.

Nährwerte pro Portion: 332 kcal/1390 kJ; 11,0 g Eiweiß; 5,0 g Fett; 58,7 g Kohlenhydrate; 4,9 BE
Austausch pro Portion: 2 Obst; 1 Getreideerzeugnis; 1 Milch; 40 kcal »auf Wunsch«

Bananen-Schoko-Milch

Für 1 Portion
60 g Banane, geschält
1 TL ungesüßtes Kakaopulver
1 TL Zucker
200 ml Milch (1,5% Fett)

Zubereitung
Alle Zutaten im Mixer pürieren. Das Dessert gekühlt servieren.

Nährwerte pro Portion: 201 kcal/839 kJ; 8,4 g Eiweiß; 4,5 g Fett; 30,3 g Kohlenhydrate; 2,5 BE
Austausch pro Portion: 1 Obst; 1 Milch; 25 kcal »auf Wunsch«

Birnen-Kefir

Für 1 Portion
100 g Birne (Konserve ohne Zucker)
2 EL Birnensaft (ohne Zucker)
200 ml Kefir (1,5% Fett)
1 TL Zucker
1 TL ungesüßtes Kakaopulver

Zubereitung
Alle Zutaten im Mixer pürieren. Den Kefir gekühlt servieren.

Nährwerte pro Portion: 197 kcal/825 kJ; 8,9 g Eiweiß; 4,5 g Fett; 28,5 g Kohlenhydrate; 2,4 BE
Austausch pro Portion: 1 Obst; 1 Milch; 25 kcal »auf Wunsch«

Multivitamin-Milch

Für 2 Portionen
50 g Mango, geschält und entkernt
50 g Orange, geschält
30 g Banane, geschält
60 g Erdbeeren, geputzt
2 TL Zucker
500 ml Milch (0,3% Fett)

Zubereitung
Alle Zutaten im Mixer pürieren.

Nährwerte pro Portion: 156 kcal/653 kJ; 9,6 g Eiweiß, 0,5 g Fett; 27,6 g Kohlenhydrate; 2,3 BE
Austausch pro Portion: 1 Obst; 1 Milch; 20 kcal »auf Wunsch«

Fruchtmilch

Für 2 Portionen
60 g Banane, geschält
125 g Erdbeeren
100 g Ananas (Konserve ohne Zucker)
2 EL Ananassaft (ohne Zucker)
Zitronensaft
2 TL Zucker
500 ml Buttermilch (1% Fett)
Vanilleextrakt

Zubereitung
Alle Zutaten im Mixer glattrühren.
Die Fruchtmilch gekühlt mit Strohhalmen servieren.

Nährwerte pro Portion: 190 kcal/795 kJ; 9,8 g Eiweiß; 1,7 g Fett; 33,3 g Kohlenhydrate; 2,8 BE
Austausch pro Portion: 1½ Obst; 20 kcal »auf Wunsch«; 1 Milch

Pfefferminzmilch

Für 1 Portion
1 Teebeutel Pfefferminztee
200 ml Milch (1,5% Fett)
Süßstoff

Zubereitung
Teebeutel mit kochender Milch übergießen und 5 Minuten ziehen lassen. Anschließend nach Geschmack süßen.

Nährwerte pro Portion: 98 kcal/410 kJ; 6,7 g Eiweiß, 3,2 g Fett; 9,4 g Kohlenhydrate; 0,8 BE
Austausch pro Portion: 1 Milch

Ananas-Quark-Speise

Für 1 Portion
100 g Magerquark
50 ml Buttermilch (max. 1% Fett)
1 Prise Salz
Süßstoff
100 g frische Ananas, geschält

Zubereitung
Quark mit Buttermilch, Salz und Süßstoff verrühren. Ananas würfeln. In ein Glasschälchen geben. Quarkmasse darauf verteilen.

Nährwerte pro Portion: 151 kcal/631 kJ; 15,7 g Eiweiß; 0,7 g Fett; 19,3 g Kohlenhydrate; 1,6 BE
Austausch pro Portion: 1⅕ Milch; 1 Obst

Glasierte Ananas mit Sahne

Für 4 Portionen
400 g Ananas, geschält
4 TL Honig
140 g Schlagsahne
1 TL Zucker

Zubereitung
Ananas in Scheiben schneiden. Mit Honig bestreichen und unter dem vorgeheizten Grill grillen.
Schlagsahne steifschlagen, süßen und zur Ananas servieren.

Nährwerte pro Portion: 187 kcal/782 kJ; 1,3 g Eiweiß; 11,2 g Fett; 19,7 g Kohlenhydrate; 1,6 BE
Austausch pro Portion: 1 Obst; 125 kcal »auf Wunsch«

Ananastöpfchen

Für 1 Portion
1 Ei
1 Prise Salz
Süßstoff
30 g Toastbrot
75 g Quark (20% Fett)
Zimt, Muskat
1/8 mittelgroße frische Ananas, geschält

Zubereitung
Ei mit Salz und Süßstoff verschlagen.
Toastbrot darin einweichen. Brot in eine feuerfeste Form geben. Mit restlicher Eimasse begießen. Quark mit Zimt, Muskat und Süßstoff abschmecken. Auf den Toast geben, darauf die gewürfelte Ananas verteilen.
Bei 180–200 °C 10 Minuten zugedeckt im Ofen backen.

Nährwerte pro Portion: 288 kcal/1203 kJ; 19,4 g Eiweiß; 10,6 g Fett; 24,7 g Kohlenhydrate; 2,1 BE
Austausch pro Portion: 2 Eiweiß; 1 Brot; ½ Obst

Gegrilltes Ananaspüree

Für 1 Portion
100 g Ananas (Konserve ohne Zucker)
2 EL Ananassaft (ohne Zucker)
150 g Joghurt (0,3% Fett)
½ TL Vanilleextrakt
1 TL brauner Zucker

Zubereitung
Ananas mit Ananassaft pürieren. Das Püree in eine kleine feuerfeste Form geben. Joghurt mit Vanilleextrakt verrühren, auf das Ananasmuß gießen. Mit braunem Zucker bestreuen und unter dem vorgeheizten Grill überbacken, bis der Zucker geschmolzen und die Oberfläche etwas knusprig ist.
Dessert sofort in der Form servieren.

Nährwerte pro Portion: 134 kcal/561 kJ; 7,0 g Eiweiß; 0,3 g Fett; 25,5 g Kohlenhydrate; 2,1 BE
Austausch pro Portion: 1 Obst; ¾ Milch; 20 kcal »auf Wunsch«

Apfelkompott mit Weinschaumsauce

Für 2 Portionen
250 g Äpfel, geschält und entkernt
Zitronensaft
Süßstoff, Zimt
1 Ei
2 TL Zucker
2 TL Speisestärke
125 ml Weißwein

Zubereitung
Äpfel achteln. In Zitronensaft und etwas Wasser musig kochen. Abschmecken und auskühlen lassen. Ei, Zucker, Stärke und Wein in einem Topf über mittlerer Hitze kräftig schlagen, bis die Masse dicklich wird. Eventuell mit Süßstoff süßen.
Die Weinschaumsauce zu dem Kompott servieren.

Nährwerte pro Portion: 198 kcal/827 kJ; 4,2 g Eiweiß; 3,7 g Fett; 25,2 g Kohlenhydrate; 2,1 BE
Austausch pro Portion: 1 Obst; ½ Eiweiß; 80 kcal »auf Wunsch«

Honigäpfel

Für 4 Portionen
4 kleine Äpfel (à 125 g)
20 g Zwieback
Süßstoff
20 g Rosinen
4 TL Butter
8 TL Honig

Zubereitung
Das Kerngehäuse der Äpfel ausstechen. Zwieback zerkrümeln und mit Süßstoff und Rosinen vermengen. Die Mischung in die Apfelöffnungen füllen und mit Butterflöckchen belegen. Äpfel in einer feuerfesten Form im vorgeheizten Ofen bei 200 °C 10–20 Minuten backen.
Vor dem Servieren mit Honig beträufeln.

Nährwerte pro Portion: 172 kcal/718 kJ; 1,1 g Eiweiß; 4,9 g Fett; 30,9 g Kohlenhydrate; 2,6 BE
Austausch pro Portion: 1¼ Obst; ¼ Getreideerzeugnis; 1 Fett; 40 kcal »auf Wunsch«

Gefüllte Banane

Für 2 Portionen
1 mittelgroße Banane (120 g ohne Schale)
200 g Magerquark
1 TL Zucker
Süßstoff nach Geschmack
2 TL ungesüßtes Kakaopulver
2 TL Erdbeerkonfitüre
1 TL Kokosnußraspeln

Zubereitung
Banane mit Schale längs halbieren. Das Fruchtfleisch herauslösen, ohne dabei die Schale zu beschädigen. Banane mit Quark, Zucker, Süßstoff nach Geschmack und Kakao vermischen. Die Masse in die Bananenschalen füllen.
Mit Erdbeerkonfitüre und Kokosraspeln garniert anrichten.

Nährwerte pro Portion: 183 kcal/764 kJ; 15,2 g Eiweiß; 1,6 g Fett; 25,7 g Kohlenhydrate; 2,1 BE
Austausch pro Portion: 1 Obst; 1 Milch; 40 kcal »auf Wunsch«

Bananensplit

Für 1 Portion
60 g Banane, geschält
½ TL Zitronensaft
75 g Hüttenkäse (20% Fett i. Tr.)
entspr. 30 kcal kalorienarme Konfitüre (etwa 2 TL)
½ TL Sonnenblumenkerne oder 1 TL Kokosflocken

Zubereitung
Banane längs halbieren, vierteln und mit Zitronensaft beträufeln. Hüttenkäse auf einen Teller geben. Mit Bananenvierteln umlegen. Konfitüre im Wasserbad schmelzen und über den Hüttenkäse gießen. Den Spilt mit Sonnenblumenkernen oder Kokosflocken bestreuen.

Nährwerte pro Portion: 186 kcal/777 kJ; 10,1 g Eiweiß; 3,9 g Fett; 23,9 g Kohlenhydrate; 2,0 BE
Austausch pro Portion: 1 Obst; 1 Eiweiß; 40 kcal »auf Wunsch«

Liebesbanane

Für 1 Portion
60 g Banane, geschält
für 20 kcal kalorienreduziertes Brombeergelee
2 TL Kokosraspeln

Zubereitung
Banane längs halbieren.
Mit Brombeergelee bestreichen und mit Kokosraspeln bestreut anrichten.

Nährwerte pro Portion: 89 kcal/372 kJ; 0,7 g Eiweiß; 0,1 g Fett; 21,2 g Kohlenhydrate; 1,8 BE
Austausch pro Portion: 1 Obst; 40 kcal »auf Wunsch«

Kiwi-Traum (Foto Seite 55)

Für 1 Portion
100 g Magerquark
100 ml Dickmilch (1,5% Fett)
200 g Kiwi, geschält
Süßstoff
2 TL Butter
20 g Haferflocken
2 TL Zucker

Zubereitung
Quark mit Dickmilch glattrühren, 100 g gewürfelte Kiwi unterziehen und mit Süßstoff abschmecken. Butter in einer beschichteten Pfanne zerlassen und die Haferflocken mit Zucker leicht darin rösten.
Quarkmasse in eine Schale füllen, die Haferflocken darüber streuen und mit der restlichen, in Scheiben geschnittenen Kiwi verzieren.

Nährwerte pro Portion: 398 kcal/1664 kJ; 21,6 g Eiweiß; 12,3 g Fett; 46,8 g Kohlenhydrate; 3,9 BE
Austausch pro Portion: 1½ Milch; 2 Obst; 1 Getreideerzeugnis; 40 kcal »auf Wunsch«; 2 Fett

Fruchtsalat Ambrosia

Für 2 Portionen
100 g Papaya, geschält und entkernt
100 g Mandarinen (Konserve ohne Zucker)
75 g grüne Trauben
2 EL Mandarinensaft (ohne Zucker)
1 EL Zitronensaft
1 TL Zucker
Rumaroma
2 TL Kokosflocken

Zubereitung
Papaya würfeln. Mit Mandarinen und halbierten Trauben vermengen. Mandarinensaft, Zitronensaft, Zucker und Rumaroma verrühren. Über die Früchte geben.
Den Fruchtsalat mit Kokosraspeln bestreuen.

Nährwerte pro Portion: 114 kcal/478 kJ; 1,4 g Eiweiß; 0,4 g Fett; 28,0 g Kohlenhydrate; 2,3 BE
Austausch pro Portion: 1½ Obst; 20 kcal »auf Wunsch«

Kleie-Haferflocken-Müsli

Für 4 Portionen
20 g getrocknete Aprikosen
20 g getrocknete Pflaumen
125 ml ungesüßter Orangensaft
125 g Apfel, geschält und entkernt
100 g Orange, geschält
80 g Haferflocken
2 EL Weizenkleie
2 TL Zucker

Zubereitung
Aprikosen und Pflaumen würfeln. In Orangensaft über Nacht einweichen. Am nächsten Tag mit gewürfeltem Apfel und klein geschnittener Orange, Haferflocken und Kleie vermengen.
Das Müsli süßen und sofort servieren.

Nährwerte pro Portion: 189 kcal/790 kJ; 4,8 g Eiweiß; 2,0 g Fett; 35,7 g Kohlenhydrate; 3,0 BE
Austausch pro Portion: 1¼ Obst; 1 Getreideerzeugnis; 15 kcal »auf Wunsch«

Schokoladenmüsli

Für 1 Portion
20 g Haferflocken
1 TL Zucker
100 g Magerquark
2 TL ungesüßtes Kakaopulver
Mineralwasser
Süßstoff
1 TL Orangenkonfitüre

Zubereitung
Haferflocken mit Zucker in ein Schälchen geben. Quark mit Kakao und etwas Mineralwasser schaumig rühren, süßen und auf die Haferflocken geben. Mit Orangenkonfitüre garnieren.

Nährwerte pro Portion: 238 kcal/996 kJ; 18,2 g Eiweiß; 4,1 g Fett; 29,5 g Kohlenhydrate; 2,5 BE
Austausch pro Portion: 1 Getreideerzeugnis; 50 kcal »auf Wunsch«; 1 Milch

Pfirsichcocktail für Zwei (Foto Seite 55)

Für 2 Portionen
250 g Pfirsiche, entsteint und gehäutet
100 g Magerquark
200 ml Dickmilch (1,5% Fett)
Vanilleextrakt
4 TL Zucker
2 TL Butter
40 g Haferflocken

Zubereitung
Pfirsiche in Spalten schneiden und auf 2 Cocktailgläser verteilen (ein paar Scheiben zum Dekorieren zurückbehalten).
Quark mit Dickmilch cremig rühren und mit Vanilleextrakt und 2 Teelöffeln Zucker abschmecken. Die Creme über die Pfirsiche geben.
Butter in einer beschichteten Pfanne schmelzen. Die Haferflocken und den restlichen Zucker darin anrösten.
Die Quarkmasse damit bestreuen und die zurückbehaltenen Pfirsichspalten darauf dekorieren.

Nährwerte pro Portion: 304 kcal/1272 kJ; 14,1 g Eiweiß; 7,3 g Fett; 42,9 g Kohlenhydrate; 3,6 BE
Austausch pro Portion: 1 Obst; 1 Milch; 40 kcal »auf Wunsch«; 1 Fett; 1 Getreideerzeugnis

Alternativer Hüttenkäse

Für 1 Portion
150 g Hüttenkäse (20% Fett i. Tr.)
1 TL Honig
125 g Pfirsich, entkernt
20 g Haferflocken

Zubereitung
Hüttenkäse mit Honig verrühren. Pfirsich würfeln und unterheben. Haferflocken in einer beschichteten Pfanne rösten und über den Hüttenkäse geben.

Nährwerte pro Portion: 328 kcal/1370 kJ; 22,4 g Eiweiß; 9,2 g Fett; 35,8 g Kohlenhydrate; 3,0 BE
Austausch pro Portion: 2 Eiweiß; 20 kcal »auf Wunsch«; 1 Obst; 1 Getreideerzeugnis

Pfirsichschale

Für 1 Portion
25 g Magermilchpulver
1 TL Zucker
125 g Pfirsich, abgezogen und entkernt
8 Eiswürfel

Zubereitung
4 Eßlöffel kaltes Wasser mit Magermilchpulver, Zucker und Pfirsich im Mixer pürieren. Nacheinander die Eiswürfel zufügen. Dabei weiter schlagen, bis die Masse glatt ist. Sofort servieren.

Nährwerte pro Portion: 169 kcal/707 kJ; 9,7 g Eiweiß; 0,4 g Fett; 31,1 g Kohlenhydrate; 2,6 BE
Austausch pro Portion: 1 Milch; 1 Obst; 20 kcal »auf Wunsch«

Himbeermilch mit Joghurt

Für 2 Portionen
250 g frische Himbeeren
200 g Joghurt (0,3% Fett)
¼ l Milch (0,3% Fett)
Süßstoff nach Geschmack

Zubereitung
Himbeeren verlesen und ganz kurz waschen. Dann zusammen mit Joghurt und Milch imMixer verquirlen. Mit Süßstoff nach Geschmack süßen.
Himbeermilch gekühlt servieren.
Anstelle von Himbeeren können Sie Erdbeeren oder Tiefkühlware (ohne Zucker) verwenden.

Nährwerte pro Portion: 147 kcal/614 kJ; 8,0 g Eiweiß; 1,0 g Fett; 20,0 g Kohlenhydrate
Austausch pro Portion: 1 Obst; 1 Milch

Erdbeeren mit Eierschaum

Für 1 Portion
1 Ei, getrennt
2 TL Zucker
125 g Erdbeeren

Zubereitung
Eiweiß mit Zucker steifschlagen, dann das verquirlte Eigelb einrühren. Den Schaum zu den Erdbeeren servieren.

Nährwerte pro Portion: 181 kcal/756 kJ; 8,4 g Eiweiß; 6,9 g Fett 19,7 g Kohlenhydrate; 1,6 BE
Austausch pro Portion: 1 Eiweiß; 40 kcal »auf Wunsch«; 1 Obst

Quark-Rosinen-Creme

Für 2 Portionen
40 g Zwieback
je 3 Tropfen Zitronen-, Vanilleextrakt und Rumaroma
Süßstoff nach Geschmack
150 g Magerquark
40 g Rosinen, gewaschen

Zubereitung
Zwieback fein zerbröseln. Mit Zitronen-, Vanilleextrakt, Rumaroma und Süßstoff beträufeln. Die Brösel etwa 20 Minuten zugedeckt ziehen lassen. Dann mit dem Quark und den Rosinen gut vermischen.
Dessert gekühlt servieren.

Nährwerte pro Portion: 153 kcal/640 kJ; 14,0 g Eiweiß; 1,0 g Fett; 20,0 g Kohlenhydrate
Austausch pro Portion: 1 Obst; ¾ Milch; 1 Getreideerzeugnis

Schnelles Pflaumenmus

Für 2 Portionen
170 g frische Pflaumen
20 g Zwieback
Zimt
Süßstoff nach Geschmack
Rumaroma

Zubereitung
Die Pflaumen waschen, entsteinen, vierteln und mit 2 Eßlöffeln Wasser ca. 10 Minuten bei sehr schwacher Hitze dünsten. Zwieback sehr fein reiben. Gedünstete Pflaumen durch ein Sieb streichen und mit dem Zwieback vermischen. Mus mit Zimt, Süßstoff und Rumaroma abschmecken. Dann nochmal bei ganz geringer Hitze ca. 10 Minuten etwas einkochen.

Nährwerte pro Portion: 95 kcal/398 kJ; 2,0 g Eiweiß; 21,0 g Kohlenhydrate
Austausch pro Portion: 1 Obst; ½ Getreideerzeugnis

Preiswert & delikat

Gehören Sie auch zu den Menschen, die immer noch glauben, daß eine Reduktionsdiät teuer und eintönig sein muß? Dies ist wohl ein Relikt aus der Zeit der Steak-Salat-Diät, die sich ja lange Zeit großer Beliebtheit erfreute und den Geldbeutel und die Gesundheit strapazierte. Heute weiß man längst, daß eine gesunde Diät durchaus nicht teuer sein muß, sofern man anstelle von teueren Fleischstücken auf preisgünstigere Eiweißquellen zurückgreift. Leider sind auch Fischsorten wie Seelachs, Schellfisch und Kabeljau in den letzten Jahren erheblich im Preis gestiegen. Tiefkühlware ist jedoch immer noch günstig zu haben und manchmal hat auch der Fischhändler Sonderangebote, bei denen man zugreifen sollte.
Außerdem: Es muß nicht immer Fleisch und Fisch sein. Geflügelteile, Eier, Quark und Hülsenfrüchte sind ebenfalls hervorragende, preiswerte und gesunde Eiweißträger.
Beim Einkauf von Obst, Salat und Gemüse ist es sehr wichtig, auf das saisonale Angebot zurückzugreifen – also keine Erdbeeren im Februar und keine teueren Auberginen im Dezember kaufen. Greifen Sie während der Saison bei Sonderangeboten zu und frieren Sie größere Mengen ein.
»Schlank mit Elan« – ist die Devise dieses Buches. Probieren Sie die Käsepizza von Seite 79 oder das Hacksteak mit Orangen von Seite 66! Alles preiswerte, delikate Schlemmereien, die Sie in Schwung bringen und weder Geldbeutel noch die Figur belasten.

Imbisse für zwischendurch

Pikante Grießsuppe

Für 4 Portionen
2 große Brühwürfel
2 Eier
60 g Emmentaler (45% Fett i. Tr.)
40 g Grieß
Salz, Pfeffer
Petersilie

Zubereitung
Die Brühwürfel in 1 Liter Wasser geben und zum Kochen bringen. Eier, geriebenen Käse und Grieß verquirlen, unter Rühren in die kochende Brühe geben und etwa 5–10 Minuten quellen lassen.
Die Suppe mit Salz und Pfeffer abschmecken und mit feingehackter Petersilie bestreut servieren.

Nährwerte pro Portion: 156 kcal/652 kJ; 10,3 g Eiweiß; 8,1 g Fett; 8,2 g Kohlenhydrate; 0,7 BE
Austausch pro Portion: 10 kcal »auf Wunsch«; 1 Eiweiß; ½ Getreideerzeugnis

Selleriecremesuppe

Für 4 Portionen
500 g Sellerieknolle, geputzt
200 ml Milch (1,5% Fett)
4 kleine Brühwürfel
1 EL Mehl
4 EL Margarine
Salz, Pfeffer
6 EL Crème fraîche
Petersilie

Zubereitung
Sellerieknolle in Stücke schneiden und mit Milch im Mixer pürieren. Anschließend mit 750 ml Wasser und den Brühwürfeln 10 Minuten garen. Mehl mit Margarine verrühren und in die Suppe einrühren. Weitere 10 Minuten leicht kochen lassen, abschmecken.
Die Suppe mit einer Haube aus Crème fraîche und mit feingehackter Petersilie bestreut servieren.

Nährwerte pro Portion: 196 kcal/818 kJ; 5,8 g Eiweiß; 11,8 g Fett; 15,3 g Kohlenhydrate; 1,3 BE
Austausch pro Portion: 1¼ Gemüse; ¼ Milch; 117,5 kcal »auf Wunsch«; 1 Fett

Windbeutel mit pikanter Füllung (Rezept Seite 63)
Seite 54: *Gemüse-Medley in Käsesauce (Rezept Seite 71)*

Kalte Tomatensuppe

Für 2 Portionen
500 g Tomaten
Salz, Pfeffer
Paprikapulver
2 EL Tomatenketchup
6 EL saure Sahne

Zubereitung
Tomaten überbrühen und die Haut abziehen, dann im Mixer pürieren. Mit Salz, Pfeffer, Paprikapulver und Ketchup abschmecken. Die Suppe mit saurer Sahne verfeinern.

Nährwerte pro Portion: 117 kcal/491 kJ; 4,0 g Eiweiß; 5,1 g Fett; 13,6 g Kohlenhydrate; 1,1 BE
Austausch pro Portion: 2½ Gemüse; 115 kcal »auf Wunsch«

Tomatensuppe mit Kräutern (Foto linke Seite)

Für 1 Portion
100 g Porree, geputzt
1 TL Margarine
300 g Tomaten (Konserve)
1 TL Instantbrühe
25 ml Sherry
¼ Kästchen Kresse
je ¼ Bund Schnittlauch, Petersilie und Dill
17,5 g Schlagsahne

Zubereitung
Porree in Ringe schneiden und in der Margarine andünsten. Tomaten und Brühe zufügen, alles 15 Minuten garen. Anschließend mit Sherry abschmecken und die gehackten Kräuter unterziehen. Die Suppe mit einer Schlagsahnehaube servieren.

Nährwerte pro Portion: 214 kcal/894 kJ; 6,8 g Eiweiß; 10,9 g Fett; 16,9 g Kohlenhydrate; 1,4 BE
Austausch pro Portion: 4 Gemüse; 1 Fett; 110 kcal »auf Wunsch«

Eiersalat mit Früchten

Für 2 Portionen
2 Eier, hartgekocht
60 g Banane, geschält
100 g Orange, geschält
Saft von 1 Zitrone
½ TL Zucker
2 TL Mayonnaise (80% Fett)
Senf

Zubereitung
Eier achteln. Banane und Orange kleinschneiden. Alles in eine Schale schichten. Die restlichen Zutaten miteinander verrühren, abschmecken und die Sauce über den Salat gießen.
Gut durchziehen lassen.

Nährwerte pro Portion: 196 kcal/817 kJ; 8,3 g Eiweiß; 10,7 g Fett; 14,6 g Kohlenhydrate; 1,2 BE
Austausch pro Portion: 1 Eiweiß; 1 Obst; 5 kcal »auf Wunsch«; 1 Fett

Tomatensuppe mit Kräutern (Rezept diese Seite)
Seite 55: *Kiwi-Traum (Rezept Seite 47) und Pfirsichcocktail für Zwei (Rezept Seite 48)*

Eier in Kräuterrahmsauce

Für 2 Portionen
4 Eier
3 TL Margarine
4 TL Mehl
200 ml Milch (1,5% Fett)
3 EL Crème fraîche
2 EL gemischte Kräuter (Tiefkühlware)
Salz, Pfeffer

Zubereitung
Eier hartkochen und pellen.
Margarine schmelzen, Mehl darin anschwitzen. Nach und nach die Milch einrühren, dann Crème fraîche und die Kräuter unterziehen. Die Sauce abschmecken und zu den Eiern servieren.

Nährwerte pro Portion: 405 kcal/1691 kJ; 19,7 g Eiweiß; 27,6 g Fett; 13,7 g Kohlenhydrate; 1,1 BE
Austausch pro Portion: 2 Eiweiß; 1½ Fett; 120 kcal »auf Wunsch«; ½ Milch

Eiersalat Romain

Für 2 Portionen
4 Eier, hartgekocht
125 g Pfirsiche (Konserve ohne Zucker)
200 g Champignons (Konserve)
75 g Trauben
100 g Joghurt (0,3% Fett)
3 EL Crème fraîche
Salz, Pfeffer
Curry, Ingwer
2 EL Pfirsichsaft (ohne Zucker)

Zubereitung
Eier und Pfirsiche würfeln, abgetropfte Champignons und Trauben halbieren. Alles gut vermischen. Aus den restlichen Zutaten eine Marinade bereiten. Diese vorsichtig mit den Salatzutaten mischen.

Nährwerte pro Portion: 362 kcal/1513 kJ; 20,4 g Eiweiß; 20,6 g Fett; 19,9 g Kohlenhydrate; 1,7 BE
Austausch pro Portion: 2 Eiweiß; 1 Obst; 1 Gemüse; ¼ Milch; 100 kcal »auf Wunsch«

Bohnensalat mit Ei

Für 2 Portionen
120 g weiße Bohnen (Konserve)
4 schwarze Oliven, entkernt
1 EL rote Zwiebelwürfel
1 Bund Petersilie
1 EL Zitronensaft
50 g grüne Paprikaschote, geputzt
1 TL Olivenöl
Knoblauchpulver
Salz, Pfeffer
2 Salatblätter
2 Eier, hartgekocht
1 Tomate

Zubereitung
Abgetropfte Bohnen mit in Scheiben geschnittenen Oliven, Zwiebelwürfeln, gehackter Petersilie, Zitronensaft, gewürfelter Paprikaschote, Öl und Gewürzen vermengen. Gut durchziehen lassen.
Den Salat auf Salatblättern anrichten. Mit geachtelten Eiern und Tomatenvierteln garnieren.

Nährwerte pro Portion: 156 kcal/653 kJ; 8,8 g Eiweiß; 10,0 g Fett; 5,6 g Kohlenhydrate; 0,5 BE
Austausch pro Portion: 2 Eiweiß; 10 kcal »auf Wunsch«; ¾ Gemüse; ½ Fett

Geflügel-Reis-Salat

Für 2 Portionen
125 ml Buttermilch (1% Fett)
1 EL Mayonnaise (50% Fett)
1 TL Zucker
½ TL Curry
Salz, Pfeffer
240 g gekochtes Hühnerfleisch, enthäutet
180 g Reis, gegart
100 g Tomaten
75 g rote Paprikaschote, geputzt
25 g Frühlingszwiebeln
½ Bund Petersilie

Zubereitung
Buttermilch mit Mayonnaise, Zucker, Gewürzen, dem gewürfelten Hühnerfleisch und Reis vermengen. Gewürfelte Tomaten, gewürfelte Paprikaschote und gehackte Zwiebeln unterheben. Den Salat gut durchziehen lassen.
Mit Petersilie bestreut servieren.

Nährwerte pro Portion: 381 kcal/1592 kJ; 41,9 g Eiweiß; 6,1 g Fett; 33,6 g Kohlenhydrate; 2,8 BE
Austausch pro Portion: ¼ Milch; 1 Fett; 10 kcal »auf Wunsch«; 4 Eiweiß; 1½ Getreideerzeugnisse; 1 Gemüse

Kartoffel-Eier-Salat

Für 2 Portionen
200 g Kartoffeln, gekocht und gepellt
2 Eier, hartgekocht
50 g Bleichsellerie, geputzt
25 g Zwiebel, geschält
½ Bund Petersilie
50 g Joghurt (0,3% Fett)
1 EL Mayonnaise (50% Fett)
½ TL Apfelessig
Salz, Pfeffer
Paprikapulver

Zubereitung
Kartoffeln in dünne Scheiben schneiden. Mit gewürfelten Eiern, gewürfeltem Bleichsellerie und gehackter Zwiebel vermengen. Gehackte Petersilie, Joghurt, Mayonnaise, Essig und Gewürze verrühren und abschmecken. Sauce unter den Salat mengen. Gut durchziehen lassen.

Nährwerte pro Portion: 241 kcal/1007 kJ; 11,0 g Eiweiß; 10,5 g Fett; 22,6 g Kohlenhydrate; 1,9 BE
Austausch pro Portion: 1 Kartoffeln; 1 Eiweiß; ⅜ Gemüse; ⅛ Milch; 1 Fett

Käse-Ananas-Cocktail

Für 2 Portionen
60 g Gouda (45% Fett i. Tr.)
100 g Ananas (Konserve ohne Zucker)
200 g Tomaten
1 EL Mayonnaise (50% Fett)
30 g Schmelzkäse (45% Fett i. Tr.)
Zitronensaft
Pfeffer, Paprikapulver
Schnittlauch, feingehackt
2 EL Ananassaft (ohne Zucker)

Zubereitung
Käse, Ananas und Tomaten würfeln. Mayonnaise mit den restlichen Zutaten verrühren und abschmecken. Die Marinade unter die Salatzutaten heben.

Nährwerte pro Portion: 251 kcal/1049 kJ; 11,1 g Eiweiß; 16,5 g Fett; 12,6 g Kohlenhydrate; 1,0 BE
Austausch pro Portion: 1½ Eiweiß; ½ Obst; 1 Gemüse; 1 Fett

Makkaroni-Chester-Salat

Für 2 Portionen
180 g Makkaroni, gekocht
60 g Bleichsellerie, geputzt
60 g Chesterkäse (45% Fett i. Tr.)
1 Zwiebel, geschält
4 mit Paprika gefüllte Oliven
1 EL Mayonnaise (50% Fett)
50 g Joghurt (0,3% Fett)
Salz, Pfeffer
2 Eisbergsalatblätter
1 Tomate
Paprikapulver

Zubereitung
Makkaroni, in Scheiben geschnittenen Sellerie, gewürfelten Käse, gehackte Zwiebel und in Scheiben geschnittene Oliven in einer Schüssel vermengen. Aus Mayonnaise, Joghurt, Salz und Pfeffer eine Sauce herstellen. Sauce unter die Salatzutaten heben.
Zwei Teller mit Salatblättern auslegen, den Salat darauf anrichten, mit Tomatenvierteln garnieren und mit etwas Paprikapulver überstäuben.

Nährwerte pro Portion: 314 kcal/1312 kJ; 14,6 g Eiweiß; 14,8 g Fett; 27,1 g Kohlenhydrate; 2,3 BE
Austausch pro Portion: 1½ Getreideerzeugnisse; 60 g Gemüse; 10 kcal »auf Wunsch«; 1 Fett; ⅛ Milch

Rettichquark

Für 1 Portion
100 g Magerquark
100 g Rettich, geschält
100 g Ananas (Konserve ohne Zucker)
2 EL Ananassaft (ohne Zucker)
Salz, Pfeffer
Petersilie

Zubereitung
Quark mit geriebenem Rettich, sehr fein gewürfelter Ananas und Ananassaft verrühren. Abschmecken. Den Quark mit feingehackter Petersilie bestreut servieren.

Nährwerte pro Portion: 153 kcal/640 kJ; 15,0 g Eiweiß; 0,5 g Fett; 21,1 g Kohlenhydrate; 1,8 BE
Austausch pro Portion: 1 Milch; 1 Gemüse; 1 Obst

Rotkäppchenaspik

Für 1 Portion
100 g rote Paprikaschote, geputzt
100 g Erbsen (Konserve)
70 g Maisgemüse (Konserve)
250 ml Tomatensaft
Salz, Pfeffer
Pfeffersauce
3 Blatt weiße Gelatine

Zubereitung
Paprikaschote fein würfeln. Mit abgetropften Erbsen und Mais in einer Schüssel vermengen. Tomatensaft erwärmen und abschmecken. Die eingeweichte Gelatine darin auflösen. Tomatensaft über das Gemüse geben. Das Aspik im Kühlschrank fest werden lassen. Die Schüssel vor dem Servieren kurz in heißes Wasser stellen und die Speise anschließend stürzen.

Nährwerte pro Portion: 395 kcal/1651 kJ; 19,1 g Eiweiß; 3,4 g Fett; 66,8 g Kohlenhydrate; 5,6 BE
Austausch pro Portion: 1 Gemüse; 2 stärkehaltige Gemüse; 1 Obst; 10 kcal »auf Wunsch«

Tomaten-Orangen-Salat

Für 1 Portion
200 g Tomaten
100 g Orange, geschält
100 ml Dickmilch (1,5% Fett)
Ingwer
Zitronensaft
Salz, Pfeffer

Zubereitung
Tomaten in Scheiben, Orangen in Stücke schneiden. Dickmilch mit den restlichen Zutaten pikant abschmecken und über die Tomaten und Orangen geben.

Nährwerte pro Portion: 141 kcal/588 kJ; 6,6 g Eiweiß; 2,1 g Fett; 23,0 g Kohlenhydrate; 1,9 BE
Austausch pro Portion: 2 Gemüse; 1 Obst; ½ Milch

Fisch-Ananas-Toast

Für 1 Portion
120 g gekochtes Fischfilet (z. B. Seelachs)
100 g frische Ananas, geschält
1½ TL Mayonnaise (50% Fett)
Salz, Pfeffer
Mandelextrakt
1 Scheibe Toastbrot (30 g)
Petersilie zum Garnieren

Zubereitung
Fischfilet und Ananas würfeln und mit Mayonnaise vermengen. Dann mit Salz, Pfeffer und Mandelextrakt abschmecken. Mischung etwa 30 Minuten durchziehen lassen, dann auf dem gerösteten Toastbrot anrichten. Mit Petersilie garniert servieren.

Nährwerte pro Portion: 313 kcal/107 kJ; 32,3 g Eiweiß; 5,7 g Fett; 28,6 g Kohlenhydrate; 2,4 BE
Austausch pro Portion: 4 Eiweiß; 1 Fett; 1 Obst; 1 Brot

Sahne-Champignons mit Toast

Für 1 Portion
250 g frische Champignons, geputzt
1 TL Margarine
1 EL Zwiebelflocken
35 g Schlagsahne
2 TL Instantbrühe
2 Eier
Salz, Pfeffer
Currypulver
1 EL Petersilie, feingehackt
30 g Toastbrot

Zubereitung
Champignons in feine Scheiben schneiden, dann in Margarine zusammen mit Zwiebelflocken dünsten, bis die Flüssigkeit verdampft ist.
Sahne, Instantbrühe, Eier und Gewürze verrühren. Über die Champignons geben und weiter braten, bis die Eiermasse gestockt ist.
Die Pilze mit Petersilie bestreut anrichten, dazu den gerösteten Toast servieren.

Nährwerte pro Portion: 496 kcal/2073 kJ; 27,2 g Eiweiß; 29,6 g Fett; 24,8 g Kohlenhydrate; 2,1 BE
Austausch pro Portion: 2½ Gemüse; 1 Fett; 1 Brot; 2 Eiweiß; 120 kcal »auf Wunsch«

Champignontoast mit Ei

Für 1 Portion
250 g frische Champignons, geputzt
25 g Zwiebel, geschält
1 TL Margarine
Salz, Pfeffer
½ Bund Petersilie
30 g Toastbrot
1 Ei

Zubereitung
In Scheiben geschnittene Champignons und gehackte Zwiebel in Margarine dünsten, bis die Flüssigkeit verdampft ist. Dann abschmecken und die gehackte Petersilie unterheben. Pilze auf das geröstete Toastbrot geben.
Ei in einer beschichteten Pfanne braten und auf die Champignonmasse geben.

Nährwerte pro Portion: 282 kcal/1180 kJ; 17,0 g Eiweiß; 11,4 g Fett; 25,3 g Kohlenhydrate; 2,1 BE
Austausch pro Portion: 2¾ Gemüse; 1 Fett; 1 Brot; 1 Eiweiß

Herrenschnitte

Für 1 Portion
60 g Vollkornbrot
1 TL Senf
2 Eier
Paprika, Salz
4 grüne, mit Paprika gefüllte Oliven

Zubereitung
Vollkornbrot mit Senf bestreichen. Aus den Eiern in einer beschichteten Pfanne Spiegeleier zubereiten. Anschließend auf das Brot geben und die Eigelb mit Salz und Paprika bestreuen. Oliven hacken und auf der Schnitte verteilen.

Nährwerte pro Portion: 354 kcal/1478 kJ; 19,3 g Eiweiß; 15,4 g Fett; 29,0 g Kohlenhydrate; 2,4 BE
Austausch pro Portion: 2 Brot; 2 Eiweiß; 20 kcal »auf Wunsch«

Schinken-Bananen-Toast

Für 2 Portionen
60 g Toastbrot
2 TL Senf
90 g magerer gekochter Schinken in Scheiben
120 g Banane, geschält
60 g Edamer (45% Fett i. Tr.) in Scheiben
Curry

Zubereitung
Toastbrot rösten. Mit Senf bestreichen und mit Schinkenscheiben belegen. Banane in Scheiben schneiden und auf dem Schinken verteilen. Zum Schluß mit Käse abdecken. Toasts im vorgeheizten Ofen bei ca. 220 °C überbacken, bis der Käse geschmolzen ist.
Anschließend mit Curry bestäuben.

Nährwerte pro Portion: 350 kcal/1463 kJ; 20,2 g Eiweiß; 14,7 g Fett; 30,2 g Kohlenhydrate; 2,5 BE
Austausch pro Portion: 1 Brot; 2½ Eiweiß; 1 Obst

Kräuterwaffeln mit Ketchup

Für 2 Portionen
4 TL Margarine
80 g Mehl
2 Eier
100 g Magerquark
1 Messerspitze Backpulver
8-Kräuter-Mischung (Tiefkühlware)
Salz, Pfeffer
12 TL Ketchup

Zubereitung
Alle Zutaten außer Ketchup zu einem glatten Teig verrühren. Aus dem Teig nacheinander in einem beschichteten Waffeleisen 4 Waffeln backen. Die Waffeln mit Ketchup servieren.

Nährwerte pro Portion: 389 kcal/1626 kJ; 19,0 g Eiweiß; 15,1 g Fett; 39,3 g Kohlenhydrate; 3,3 BE
Austausch pro Portion: 2 Fett; 2 Getreideerzeugnisse; 1 Eiweiß; 1 Milch; 20 kcal »auf Wunsch«

Thunfischtoast

Für 1 Portion
30 g Toastbrot
60 g Banane, geschält
60 g Thunfisch (im eigenen Saft konserviert)
10 g Zwiebel, gewürfelt
Salz, Pfeffer
30 g Edamer (45% Fett i. Tr.) in Scheiben

Zubereitung
Toastbrot rösten. Mit zermuster Banane bestreichen. Abgetropften Thunfisch mit gehackter Zwiebel und Gewürzen vermischen und auf den Toast geben. Die Käsescheiben darüber legen. Den Toast unter dem vorgeheizten Grill goldgelb überbacken.

Nährwerte pro Portion: 440 kcal/1838 kJ; 25,0 g Eiweiß; 21,5 g Fett; 31,1 g Kohlenhydrate; 2,6 BE
Austausch pro Portion: 1 Brot; 1 Obst; 3 Eiweiß; 1/10 Gemüse

Windbeutel mit pikanter Füllung
(Foto Seite 53)

Für 3 Portionen
6 TL Margarine
120 g Mehl
3 Eier
300 g Magerquark
6 TL geriebener Käse
1 EL gemischte, gehackte Kräuter (eventl. Tiefkühlware)
Salz, Pfeffer
Zwiebelsalz

Zubereitung
Margarine mit 100 ml Wasser aufkochen. Mehl hinzufügen und kräftig rühren, bis sich die Masse vom Topfboden löst. Den Topf von der Kochstelle nehmen und nach und nach die Eier hineinschlagen. Dabei kräftig rühren. Mit einem Eßlöffel 12 Teighäufchen auf ein mit Backtrennpapier belegtes Backblech setzen. Die Windbeutel bei 225 °C auf mittlerer Einschubleiste 30 Minuten backen (dabei die Backofentür nicht öffnen!). Nach dem Backen die Windbeutel sofort aufschneiden und auskühlen lassen. Inzwischen Quark mit Käse und Kräutern verrühren, würzen und die Windbeutel mit der Quarkcreme füllen.

Nährwerte pro Portion: 436 kcal/1824 kJ; 28,0 g Eiweiß; 18,0 g Fett; 34,3 g Kohlenhydrate; 2,9 BE
Austausch pro Portion: 2 Fett; 2 Getreideerzeugnisse; 1 Eiweiß; 1 Milch; 20 kcal »auf Wunsch«

Hauptgerichte für das kleine Budget

Seelachsfilet mit Apfel-Meerrettich-Püree

Für 1 Portion
150 g Seelachsfilet (Rohgewicht)
Essig
Salz
1 TL Margarine
100 g Magerquark
125 g Apfel, geschält und entkernt
Zitronensaft
2 TL geriebener Meerrettich
½ TL Zucker

Zubereitung
Seelachsfilet säubern, säuern und salzen. In einer beschichteten Pfanne in Margarine von beiden Seiten goldbraun braten.
Magerquark mit Apfel, Zitronensaft, Meerrettich und Zucker im Mixer pürieren.
Das Püree zum Fisch servieren.

Nährwerte pro Portion: 333 kcal/1393 kJ; 41,7 g Eiweiß; 6,0 g Fett; 23,9 g Kohlenhydrate; 2,0 BE
Austausch pro Portion: 4 Eiweiß; 1 Fett; 1 Milch; 1 Obst; 10 kcal »auf Wunsch«

Mariniertes Fischfilet

Für 2 Portionen
50 g Zwiebel, geschält
50 g Sellerie, geputzt
50 g Möhren, geputzt
4 Zitronenscheiben
Salz, Pfeffer
300 g Rotbarsch- oder Seelachsfilet (Rohgewicht)
8 Salatblätter
60 g Frühlingszwiebel, geputzt
Marinade:
4 TL Curryketchup
1 EL Mayonnaise (50% Fett)
50 g Joghurt (0,3% Fett)
1 EL Zitronensaft

Zubereitung
Zwiebel, Sellerie, Möhren, Zitronenscheiben sowie Salz und Pfeffer mit 250 ml Wasser aufkochen. Dann das Fischfilet ca. 15 Minuten darin garziehen lassen. Fischfilet herausnehmen und abkühlen lassen (Fischsud und Gemüse nicht verwenden).
Fischfilet auf eine mit Salatblättern ausgelegte Platte geben, die Frühlingszwiebel darauf verteilen. Für die Marinade alle Zutaten verrühren und diese gleichmäßig auf dem Fisch verteilen.

Nährwerte pro Portion: 242 kcal/1011 kJ; 30,5 g Eiweiß; 5,6 g Fett; 14,6 g Kohlenhydrate; 1,2 BE
Austausch pro Portion: 4 Eiweiß; ¹⁄₃₀ Gemüse; 10 kcal »auf Wunsch«; 1 Fett; ⅛ Milch

Gegrillter Fisch mit Paprikabutter

Für 1 Portion
150 g Kabeljaufilet (Rohgewicht)
Essig
Salz
4 TL Halbfettbutter
Paprikapulver

Zubereitung
Kabeljaufilet säubern, mit Essig säuern und salzen. Den Fisch auf Alufolie legen und unter dem vorgeheizten Grill garen. Inzwischen Butter mit Paprikapulver verrühren und auf dem angerichteten Fisch zerfließen lassen.
Sofort servieren.

Nährwerte pro Portion: 203 kcal/849 kJ; 27,3 g Eiweiß; 8,6 g Fett; 0,7 g Kohlenhydrate; 0,1 BE
Austausch pro Portion: 4 Eiweiß; 2 Fett

Gebratenes Tatar mit Folienkartoffeln

Für 4 Portionen
4 große Kartoffeln (à 200 g)
360 g Tatar (Beefsteakhack/Rohgewicht)
30 g Zwiebel, geschält
1 EL Tomatenmark
50 g eingelegter Tomatenpaprika
60 g geriebener Käse (45% Fett i. Tr.)
Oregano, Thymian
Salz, Pfeffer
Knoblauch nach Geschmack

Zubereitung
Kartoffeln waschen und einzeln in Alufolie wickeln. Bei 200 °C etwa 50 Minuten (je nach Größe) im vorgeheizten Ofen backen.
Inzwischen Tatar mit gewürfelter Zwiebel in einer beschichteten Pfanne anbraten. Mit Tomatenmark, feingeschnittenem Tomatenpaparika und geriebenem Käse vermengen. Masse pikant mit den Gewürzen abschmecken und heiß zu den gegarten Kartoffeln servieren.

Nährwerte pro Portion: 365 kcal/1524 kJ; 28,0 g Eiweiß; 8,4 g Fett; 39,1 Kohlenhydrate; 3,3 BE
Austausch pro Portion: 2 Kartoffeln; 2½ Eiweiß; 20 g Gemüse; 2,5 kcal »auf Wunsch«

Hackfleischeintopf

Für 2 Portionen
300 g Tatar (Beefsteakhack/Rohgewicht)
4 TL Margarine
750 g Paprikaschoten, geputzt
150 g Zwiebeln, geschält
400 g Kartoffeln, geschält
Salz, Paprika
Knoblauchsalz
Majoran, Petersilie

Zubereitung
Tatar in geschmolzener Margarine anbraten. Paprikaschoten, Zwiebeln und Kartoffeln würfeln und zum Fleisch geben. Alles kurz durchschmoren, dann ¼–½ Liter Wasser angießen und 20 Minuten garen.
Den Eintopf mit den Gewürzen und Majoran pikant abschmecken, mit Petersilie bestreuen, dann sofort servieren.

Nährwerte pro Portion: 588 kcal/2460 kJ; 41,4 g Eiweiß; 15,8 g Fett; 61,9 g Kohlenhydrate; 5,2 BE
Austausch pro Portion: 4 Eiweiß; 2 Fett; 4½ Gemüse; 2 Kartoffeln

Hackfleisch-Gemüse-Salat

Für 1 Portion
120 g Tatar (Beefsteakhack/Rohgewicht)
100 g Champignons (Konserve)
100 g eingelegter Sellerie
100 g eingelegter Tomatenpaprika
1 Gewürzgurke (ca. 30 g)
2 TL Öl
Essig nach Geschmack
Salz, Pfeffer
Schnittlauchröllchen

Zubereitung
Tatar in einer beschichteten Pfanne krümelig braten und etwas abkühlen lassen. Dann mit den zerkleinerten Champignons, Sellerie, Tomatenpaprika und Gewürzgurke vermischen.
Aus Öl, Essig und den Gewürzen eine Marinade bereiten und diese über den Salat gießen.
Den Salat gut durchziehen lassen und vor dem Servieren mit Schnittlauch bestreuen.

Nährwerte pro Portion: 346 kcal/1447 kJ; 30,7 g Eiweiß; 16,1 g Fett; 15,5 g Kohlenhydrate; 1,3 BE
Austausch pro Portion: 3 Eiweiß; 3¼ Gemüse; 2 Fett

Hackklößchen Huan Tau

Für 2 Portionen
300 g Rinderhack (Rohgewicht)
200 g Sojabohnensprossen
1 EL Sojasauce
1 TL gemahlener Ingwer
Salz, Pfeffer
Knoblauchpulver

Zubereitung
Alle Zutaten vermengen. Aus dem Hackteig 4 Klößchen formen und etwas flach drücken. Unter dem vorgeheizten Grill von beiden Seiten etwa 6–10 Minuten braun und knusprig grillen.

Nährwerte pro Portion: 234 kcal/976 kJ; 34,3 g Eiweiß; 6,4 g Fett; 5,1 g Kohlenhydrate; 0,4 BE
Austausch pro Portion: 4 Eiweiß; 1 Gemüse

Hacksteak mit Orange (Foto Seite 73)

Für 1 Portion
150 g Tatar (Beefsteakhack/Rohgewicht)
30 g Zwiebel, geschält
4 Oliven
Salz, Pfeffer
Paprikapulver
2 TL Öl
100 g Orange, geschält

Zubereitung
Tatar mit geriebener Zwiebel und gehackten Oliven verkneten. Fleischteig abschmecken und zu einem Hacksteak formen.
Öl in der Pfanne erhitzen, das Steak von beiden Seiten ca. 3–4 Minuten knusprig braten. Anschließend warmstellen.
Orange in Stücke schneiden und in der gleichen Pfanne kurz erwärmen. Auf dem Hacksteak anrichten und sofort servieren.

Nährwerte pro Portion: 380 kcal/1587 kJ; 33,5 g Eiweiß; 18,3 g Fett; 15,3 g Kohlenhydrate; 1,3 BE
Austausch pro Portion: 4 Eiweiß; 30 g Gemüse; 20 kcal »auf Wunsch«; 2 Fett; 1 Obst

Türkische Klößchen

Für 2 Portionen
300 g mageres Hammelfleisch, Rohgewicht (vom Fleischer durchgedreht)
30 g Brötchen
Salz, Pfeffer
1 Knoblauchzehe, geschält
1 EL Tomatenmark
2 TL Öl
100 g Zwiebeln, geschält

Zubereitung
Aus Hackfleisch, in Wasser eingeweichtem und gut ausgedrücktem Brötchen, Salz, Pfeffer und durchgepreßtem Knoblauch sowie Tomatenmark einen Fleischteig herstellen. Teig zu kleinen Klößchen formen und in einer beschichteten Pfanne in heißem Öl rundum knusprig braten.
Dazu die in Ringe geschnittene rohe Zwiebel servieren.

Nährwerte pro Portion: 412 kcal/1722 kJ; 29,4 g Eiweiß; 24,2 g Fett; 13,1 g Kohlenhydrate; 1,1 BE
Austausch pro Portion: 4 Eiweiß; ½ Brot; 50 kcal »auf Wunsch«; 1 Fett; ½ Gemüse

Sellerie-Steakletts

Für 2 Portionen
240 g Rinderhack (Rohgewicht)
100 g eingelegter Sellerie
50 g Zwiebel, geschält
1 TL Senf
Salz, Pfeffer
Paprikapulver, geriebene Muskatnuß

Zubereitung
Rinderhack mit klein gewürfeltem Sellerie und Zwiebel vermengen. Teig mit Senf und den Gewürzen abschmecken und daraus 4 kleine Steakletts formen (eventuell 1 Eßlöffel Wasser zum besseren Formen nehmen).
Steakletts unter dem vorgeheizten Grill etwa 15 Minuten von beiden Seiten grillen.

Nährwerte pro Portion: 190 kcal/794 kJ; 26,6 g Eiweiß; 5,1 g Fett; 6,1 g Kohlenhydrate; 0,5 BE
Austausch pro Portion: 3 Eiweiß; ¾ Gemüse

Bauernfrühstück (Foto Seite 73)

Für 2 Portionen
60 g magerer geräucherter Schinken
2 TL Öl
400 g Kartoffeln, gekocht und gepellt
2 Eier
Salz, Pfeffer
100 g Gewürzgurke
Petersilie zum Garnieren

Zubereitung
Schinken würfeln und in einer Pfanne in Öl leicht anbraten. Kartoffeln in Scheiben schneiden und mitbraten. Eier mit Salz und Pfeffer verqurilen. Mischung über die Kartoffeln gießen. Pfanne zudecken und die Eier stocken lassen.
Das Bauernfrühstück auf einer vorgewärmten Platte anrichten und mit gehackter Petersilie garniert servieren.

Nährwerte pro Portion: 439 kcal/1835 kJ; 17,2 g Eiweiß; 21,7 g Fett; 38,1 g Kohlenhydrate; 3,2 BE
Austausch pro Portion: 2 Eiweiß; 1 Fett; 2 Kartoffeln; ½ Gemüse

Italienischer Schinkenquark

Für 4 Portionen
450 g Quark (20% Fett i. Tr.)
120 g magerer geräucherter Schinken
25 g Zwiebel, geschält
Majoran
Oregano
Knoblauchpulver
Salz, Pfeffer

Zubereitung
Quark mit in feine Streifen geschnittenem Schinken und gewürfelter Zwiebel vermengen. Die Masse pikant mit den Gewürzen abschmecken.

Nährwerte pro Portion: 252 kcal/1053 kJ; 19,5 g Eiweiß; 15,7 g Fett; 4,6 g Kohlenhydrate; 0,4 BE
Austausch pro Portion: 2½ Eiweiß; ¹⁄₁₀ Gemüse

Minestrone mit Schinken

Für 2 Portionen
2 TL Olivenöl
90 g geräucherter roher Schinken
2 Knoblauchzehen, geschält
je 100 g Bleichsellerie, Zucchini und Möhren (alle Gemüse geputzt)
250 ml Tomatensaft
180 g rote Kidneybohnen (Konserve)
120 g Makkaroni, gegart
3 TL Instantbrühe
1 TL getrocknetes Basilikum und etwas Oregano
Pfeffer
Petersilie zum Garnieren

Zubereitung
Öl in einem großen Topf erhitzen. Gewürfelten Schinken und durchgepreßten Knoblauch darin andünsten, dann die in Stücke geschnittenen Gemüse kurz mitdünsten. Mit Tomatensaft und 250 ml Wasser ablöschen. Alles etwa 15 Minuten garen. Anschließend die abgetropften Bohnen und die Nudeln in der Suppe erhitzen. Instantbrühe einrühren und die Minestrone mit Basilikum, Oregano und Pfeffer würzen. Mit gehackter Petersilie garniert servieren.

Nährwerte pro Portion: 716 kcal/2994 kJ; 34,6 g Eiweiß; 23 g Fett; 83,4 g Kohlenhydrate; 6,9 BE
Austausch pro Portion: 1 Fett; 3 Eiweiß; 2 Gemüse; ½ Obst; 1 Getreideerzeugnis; 15 kcal »auf Wunsch«

Hähnchen mit Currysauce

Für 2 Portionen
3 TL Margarine
4 TL Mehl
200 ml Milch (1,5% Fett)
Salz, Curry
1 TL Instantbrühe
240 g gegartes Hähnchenfleisch, enthäutet
Petersilie

Zubereitung
Margarine schmelzen. Mehl darin anschwitzen. Nach und nach die Milch einrühren. Die Sauce mit Salz, reichlich Curry und Brühe abschmecken und das Hühnerfleisch in der Sauce erwärmen.
Mit feingehackter Petersilie bestreut servieren.

Nährwerte pro Portion: 322 kcal/1346 kJ; 41,5 g Eiweiß; 9,4 g Fett; 12,2 g Kohlenhydrate; 1,0 BE
Austausch pro Portion: 1½ Fett; 25 kcal »auf Wunsch«; ½ Milch; 4 Eiweiß

Hähnchenschenkel in Orangensauce

Für 4 Portionen
600 g gekochte Hähnchenschenkel (Gewicht ohne Knochen)
Orangensauce:
4 TL Margarine
2 TL Mehl
250 g ungesüßter Orangensaft
etwas Zitronensaft
Salz, Pfeffer

Zubereitung
Für die Orangensauce Margarine schmelzen, das Mehl unterrühren und kurz anschwitzen lassen, dann Orangensaft nach und nach unter Rühren hinzufügen. Die Sauce durchkochen, bis sie etwas andickt. Mit Zitronensaft und den Gewürzen abschmecken.
Sauce zu dem erwärmten Hähnchenfleisch servieren.

Nährwerte pro Portion: 209 kcal/872 kJ; 28,1 g Eiweiß; 5,3 g Fett; 8,7 g Kohlenhydrate; 0,7 BE
Austausch pro Portion: 1 Fett; 5 kcal »auf Wunsch«; ½ Obst; 4 Eiweiß

Chinesisches Geflügelragout

Für 2 Portionen
240 g Hühnerfleisch (Rohgewicht)
2 TL Öl
Salz, Pfeffer
2 TL Zucker
60 ml ungesüßter Orangensaft
4 EL Ananassaft (ohne Zucker)
3 TL Speisestärke
10 g Rosinen
200 g Ananas (Konserve ohne Zucker
60 g Banane, geschält
1 TL Kokosflocken

Zubereitung
Gewürfeltes, enthäutetes Hühnerfleisch in einer beschichteten Pfanne in heißem Öl braten. Anschließend pfeffern und salzen.
Zucker, Orangensaft, Ananassaft und Speisestärke verrühren und zum Fleisch geben. Dann Rosinen, Ananas in Würfeln und in Scheiben geschnittene Banane mit erwärmen.
Das Ragout mit Kokosflocken bestreut servieren.

Nährwerte pro Portion: 348 kcal/1454 kJ; 28,6 g Eiweiß; 7,3 g Fett; 38,2 g Kohlenhydrate; 3,2 BE
Austausch pro Portion: 3 Eiweiß; 1 Fett; 40 kcal »auf Wunsch«; 2 Obst

Hühnerleber in Kapernsauce

Für 2 Portionen
240 g Hühnerleber (Rohgewicht)
2 TL Mehl
2 TL Margarine
50 g Zwiebel, geschält
3 EL saure Sahne
2 TL Senf
25 ml trockener Sherry oder Martini
2 TL Kapern, gehackt
Salz, Pfeffer
60 g Toastbrot
Petersilie zum Garnieren

Zubereitung
Leber säubern, halbieren und in Mehl wälzen. Margarine erhitzen und die Leber darin anbraten. Gewürfelte Zwiebel zugeben und mitbraten. Saure Sahne mit Senf, Sherry und Kapern verrühren und über die Leber geben. Alles nochmal erwärmen, aber nicht mehr kochen lassen. Leber mit den Gewürzen abschmecken und auf die gerösteten Toastbrotscheiben geben. Mit Petersilie garniert servieren.

Nährwerte pro Portion: 358 kcal/ 1496 kJ; 30,5 g Eiweiß; 12,4 g Fett; 23,5 g Kohlenhydrate; 2 BE
Austausch pro Portion: 3 Eiweiß; 85 kcal »auf Wunsch«; 1 Fett; ¼ Gemüse; 1 Brot

Orientalische Hühnerleber am Spieß

Für 2 Portionen
300 g Hühnerleber (Rohgewicht)
100 g grüne Paprikaschote, geputzt
150 g Cocktailtomaten
50 g frische Champignons, geputzt
Marinade:
2 EL Essig
3 EL Teriyaki- oder Barbeque-sauce
1 TL frisch gemahlener Ingwer
1 Knoblauchzehe, zerdrückt

Zubereitung
Alle Zutaten für die Marinade verrühren und die gesäuberte, halbierte Leber darin einlegen. Im Kühlschrank mindestens 4 Stunden marinieren lassen.
Anschließend abwechselnd abgetropfte Leber, in Stücke geschnittene Paprikaschote, Cocktailtomaten und Champignons auf Schaschlikspieße stecken.
Die Spieße unter dem vorgeheizten Grill von jeder Seite 4–5 Minuten grillen; dabei mit der Marinade einpinseln. Sofort servieren.

Nährwerte pro Portion: 279 kcal/1165 kJ; 35,6 g Eiweiß; 7,5 g Fett; 12,8 g Kohlenhydrate; 1,1 BE
Austausch pro Portion: 25 kcal »auf Wunsch«; 4 Eiweiß; 1½ Gemüse

Leber in Apfelwein

Für 2 Portionen
300 g Schweineleber (Rohgewicht)
50 g Zwiebel, geschält
4 TL Margarine
250 g Äpfel, geschält und entkernt
20 g Rosinen
Salz, Pfeffer
¼ l Apfelwein oder Cidre
2 TL Mehl
4 TL Kondensmilch (4% Fett)

Zubereitung
Gesäuberte Schweineleber würfeln und mit der gehackten Zwiebel in erhitzter Margarine anbraten. In Scheiben geschnittene Äpfel und Rosinen zufügen. Mit Salz und Pfeffer würzen und mit Apfelwein ablöschen. Alles 10 Minuten schmoren lassen. Mehl in der Kondensmilch anrühren und die Sauce damit andicken. Sofort servieren.

Nährwerte pro Portion: 490 kcal/2048 kJ; 32,3 g Eiweiß; 17,7 g Fett; 31,0 g Kohlenhydrate; 2,6 BE
Austausch pro Portion: 4 Eiweiß; ¼ Gemüse; 2 Fett; 1½ Obst; 70 kcal »auf Wunsch«

Mexikanische Leber

Für 1 Portion
120 g Schweineleber (Rohgewicht)
2 TL Margarine
200 g Tomaten (Konserve)
70 g Maiskörner (Konserve)
Salz, Pfeffer
Paparikapulver und Cayennepfeffer
Kräuter der Provence

Zubereitung
Leber säubern und in feine Streifen schneiden. Margarine schmelzen und die Leber darin bei milder Hitze anbraten. Tomaten pürieren. Püree und abgetropfte Maiskörner zur Leber geben und miterhitzen. Mit den Gewürzen und Kräutern scharf abschmecken und sofort servieren.

Nährwerte pro Portion: 553 kcal/2310 kJ; 32,5 g Eiweiß; 18 g Fett; 57,7 g Kohlenhydrate; 4,8 BE
Austausch pro Portion: 3 Eiweiß; 2 Fett; 2 Gemüse; 1 stärkehaltiges Gemüse

Überbackener Chicorée

Für 1 Portion
2–4 Chicoréestangen, geputzt
Salz
1 Ei
Peffer
Muskat
30 g Käse (45% Fett i. Tr.) in Scheiben

Zubereitung
Chicorée 5–10 Minuten in Salzwasser garen. Anschließend in eine Auflaufform schichten. Ei mit Gewürzen verquirlen. Über das Gemüse geben. Mit Käsescheiben belegen. Das Gemüse bei 200 °C im vorgeheizten Ofen überbacken, bis der Käse zerlaufen ist.

Nährwerte pro Portion: 242 kcal/1011 kJ; 17,9 g Eiweiß; 15,6 g Fett; 4,4 g Kohlenhydrate; 0,4 BE
Austausch pro Portion: 2–4 Gemüse; 2 Eiweiß

Gemüse-Medley in Käsesauce (Foto Seite 54)

Für 2 Portionen
200 g Blumenkohl, geputzt
200 g Broccoli, geputzt
200 g Möhren, geputzt
4 TL Margarine
50 g Zwiebel, geschält
4 TL Mehl
200 ml Milch (1,5% Fett)
60 g geriebener Chesterkäse (45% Fett i. Tr.)
Worcestersauce
Salz, Pfeffer
Muskat
Petersilie, gehackt

Zubereitung
Blumenkohl und Broccoli in Röschen teilen, Möhren in Scheiben schneiden. Das Gemüse in ⅛ Liter Wasser etwa 15–20 Minuten garen, dann abgießen und auf einer Platte warmhalten (Gemüsewasser auffangen).
Margarine schmelzen und die gewürfelte Zwiebel darin glasig dünsten. Mehl einrühren und nach und nach die Milch angießen. Käse in der Sauce schmelzen lassen (die Sauce je nach Konsistenz mit Gemüsewasser verdünnen). Dann mit den Gewürzen abschmecken. Die heiße Sauce über das Gemüse gießen und mit Petersilie bestreut sofort servieren.

Nährwerte pro Portion: 398 kcal/1664 kJ; 20,1 g Eiweiß; 19,4 g Fett; 32,2 g Kohlenhydrate; 2,7 BE
Austausch pro Portion: 3¼ Gemüse; 2 Fett; 20 kcal »auf Wunsch«; ½ Milch; 1 Eiweiß

Italienischer Gemüseeintopf

Für 2 Portionen
250 ml Tomatensaft
600 g Weißkohl, geputzt und in Streifen geschnitten
2 EL getrocknete Zwiebelflocken
1 TL getrocknete Petersilie
4 kleine Brühwürfel
1 Prise Knoblauchsalz
Salz, Pfeffer
100 g Champignons (Konserve)
200 g Schnittbohnen (Konserve)

Zubereitung
Tomatensaft und ½ Liter Wasser in einen hohen Topf geben. Weißkohl, Zwiebelflocken, Petersilie und die Brühwürfel zufügen, mit Salz und Pfeffer würzen und das ganze 20 Minuten auf kleiner Flamme garen. Abgetropfte Pilze und Bohnen dazugeben und mit erhitzen. Den Eintopf nochmals abschmecken und servieren.

Nährwerte pro Portion: 155 kcal/647 kJ; 9,9 g Eiweiß; 1,8 g Fett; 24,1 g Kohlenhydrate; 2,0 BE
Austausch pro Portion: ½ Obst; 4½ Gemüse; 20 kcal »auf Wunsch«

Gemüsepfanne

Für 2 Portionen
200 g Erbsen (Tiefkühlware)
70 g Gemüsemais (Konserve)
100 g rote Paprikaschote, geputzt
2 TL Margarine
1 EL Tomatenmark
4 Eier
Salz, Pfeffer
Paprikapulver
gemischte Kräuter (Tiefkühlware)

Zubereitung
Erbsen und Mais abtropfen lassen. Paprikaschote würfeln. Margarine in einer Pfanne schmelzen und die Gemüse darin andünsten. 50 ml Wasser angießen und alles zugedeckt etwa 10 Minuten garen. Tomatenmark, 2 Eßlöffel Wasser, Eier, Gewürze und Kräuter verquirlen. Die Masse über das Gemüse geben und stocken lassen.
Sofort servieren.

Nährwerte pro Portion: 464 kcal/1941 kJ; 25,3 g Eiweiß; 18,8 g Fett; 41,3 g Kohlenhydrate; 3,4 BE
Austausch pro Portion: 1½ stärkehaltige Gemüse; ½ Gemüse; 1 Fett; 5 kcal »auf Wunsch«; 2 Eiweiß

Überbackene Paprikaschoten

Für 2 Portionen
2 mittelgroße Paprikaschoten
Salz
⅛ l Tomatensaft
2 Eier
100 g Erbsen (Konserve)
100 g Champignons (Konserve)
75 g grüne Bohnen (Konserve)
Pfeffer
Curry
60 g geriebener Käse (45% Fett i. Tr.)
Schnittlauch

Zubereitung
Paprikaschoten längs halbieren, putzen und in Salzwasser 5 Minuten garen. Gut abtropfen lassen. Tomatensaft mit Eiern verquirlen. Gut abgetropfte Erbsen, Champignons und Bohnen unterheben. Mit Salz, Pfeffer und Curry abschmecken. Füllung in die Paprikaschoten füllen. Mit geriebenem Käse bestreuen. Die Schoten bei 225 °C etwa 15 Minuten im Ofen überbacken. Anschließend mit feingeschnittenem Schnittlauch bestreuen.

Nährwerte pro Portion: 312 kcal/1305 kJ; 20,6 g Eiweiß; 15,7 g Fett; 18,2 g Kohlenhydrate; 1,5 BE
Austausch pro Portion: 4 Gemüse; ¼ Obst; 2 Eiweiß; ½ stärkehaltiges Gemüse

Hacksteak mit Orange (Rezept Seite 66) und Bauernfrühstück (Rezept Seite 67)
Seite 74: *Aprikosenauflauf (Rezept Seite 81)*

Gurkenschiffchen

Für 2 Portionen
1 Salatgurke (ca. 300 g)
300 g Speisequark (20% Fett i. Tr.)
100 g grüne Paprikaschote, geputzt
30 g Zwiebel, geschält
Salz, Pfeffer
Knoblauchpulver
Petersilie

Zubereitung
Salatgurke waschen und längs halbieren. Das Innere mit einem Teelöffel auskratzen, würfeln und mit dem Quark verrühren. Feingewürfelte Paprikaschoten und Zwiebel unterrühren. Pikant abschmecken. Die Quarkmasse in die Gurkenhälften füllen und mit feingehackter Petersilie bestreut anrichten.

Nährwerte pro Portion: 209 kcal/875 kJ; 20,4 g Eiweiß; 8,2 g Fett; 11,1 g Kohlenhydrate; 0,9 BE
Austausch pro Portion: 215 g Gemüse; 2 Eiweiß

Sommerspieße

Für 2 Portionen
50 g eingelegte Gewürzgurke
100 g frische Champignons, geputzt
100 g Zuckertomaten
100 g Paprikaschote, geputzt
100 g Zucchini, geputzt
60 g Käse (45% Fett i. Tr.)

Zubereitung
Alle Zutaten außer Käse grob würfeln. Abwechselnd auf Schaschlikspieße stecken und die Spieße unter dem vorgeheizten Grill garen. Käse in Scheiben schneiden. Die gegarten Spieße damit belegen und grillen, bis der Käse zerläuft.

Nährwerte pro Portion: 158 kcal/662 kJ; 10,3 g Eiweiß; 9,0 g Fett; 7,7 g Kohlenhydrate; 0,6 BE
Austausch pro Portion: 2¼ Gemüse; 1 Eiweiß

Zucchini mit Käse überbacken

Für 2 Portionen
500 g Zucchini, geputzt
100 g Zwiebeln, geschält
3 TL Margarine
125 ml trockener Weißwein
2 TL Instantbrühe
80 g geriebener Emmentaler (45% Fett i. Tr.)

Zubereitung
Zucchini in Scheiben, Zwiebeln in Ringe schneiden. Beides in der geschmolzenen Margarine andünsten. Mit Wein ablöschen, die Brühe unterrühren und alles 10 Minuten schmoren. Gemüse in eine feuerfeste Form geben und mit geriebenem Käse bestreuen, dann im vorgeheizten Ofen bei 200 °C überbacken, bis der Käse geschmolzen und leicht gebräunt ist.

Nährwerte pro Portion: 350 kcal/1463 kJ; 19,5 g Eiweiß; 22,5 g Fett; 6,7 g Kohlenhydrate; 0,6 BE
Austausch pro Portion: 2 Gemüse; 1 Fett; 40 kcal »auf Wunsch«; 2 Eiweiß

Käsepizza (Rezept Seite 79)
Seite 75: *Ungebackene Zitronentorte (Rezept Seite 87)*

Zwiebel-Kartoffel-Eintopf mit Würstchen

Für 2 Portionen
500 g Zwiebeln, geschält
4 TL Margarine
125 ml trockener Weißwein
2 kleine Brühwürfel
200 g Kartoffeln, geschält
180 g Brühwürstchen
35 g Schlagsahne
4 TL Kondensmilch (4% Fett)
Salz, Pfeffer
Zwiebelsalz
Knoblauchpulver

Zubereitung
Zwiebeln in Scheiben schneiden und in heißer Margarine glasig dünsten. Mit 500 ml Wasser und dem Wein ablöschen. Brühwürfel und in Würfel geschnittene Kartoffeln zufügen. Alles 15 Minuten garen, dann die in Scheiben geschnittenen Würstchen mit erwärmen.
Den Eintopf mit Sahne und Kondensmilch verfeinern und mit den Gewürzen pikant abschmecken.

Nährwerte pro Portion: 633 kcal/2647 kJ; 21 g Eiweiß; 33,9 g Fett; 44,2 g Kohlenhydrate; 3,7 BE
Austausch pro Portion: 2½ Gemüse; 2 Fett; 120 kcal »auf Wunsch«; 1 Kartoffel; 3 Eiweiß

Italienischer Nudelsalat

Für 2 Portionen
150 g Zucchini, geschält
120 g Nudeln nach Wahl, gekocht
90 g magerer gekochter Schinken
60 g Chesterkäse (45% Fett i. Tr.)
100 g Tomaten
25 g Zwiebel, geschält
8 Eisbergsalatblätter zum Anrichten
Marinade:
1 EL Olivenöl
1 EL Weinessig
1 EL Zitronensaft
¼ TL Oregano
Knoblauchpulver nach Geschmack
Salz, Pfeffer

Zubereitung
Zucchini in dünne Scheiben schneiden, dann mit den Nudeln, gewürfeltem Schinken, gewürfeltem Käse und den in Scheiben geschnittenen Tomaten und Zwiebeln in einer Schüssel vermischen.
Aus den Marinadenzutaten eine würzige Sauce bereiten.
Sauce über den Salat geben, gut durchmischen und durchziehen lassen.
Den Nudelsalat auf den gewaschenen Salatblättern anrichten.

Nährwerte pro Portion: 393 kcal/1642 kJ; 22,2 g Eiweiß; 23 g Fett; 19,2 g Kohlenhydrate; 1,6 BE
Austausch pro Portion: 1½ Gemüse; 1 Getreideerzeugnis; 2½ Eiweiß; 1½ Fett

Nudel-Omelett

Für 1 Portion
1 Ei
30 g geriebener Käse (45% Fett i. Tr.)
⅛ l Milch (0,3% Fett)
1 EL Schnittlauch
Salz, Pfeffer
Paprikapulver
90 g Hörnchennudeln, gekocht
1 TL Margarine

Zubereitung
Ei, Käse, Milch, feingeschnittenen Schnittlauch und die Gewürze verquirlen, dann mit den Nudeln vermengen. Margarine in einer beschichteten Pfanne erhitzen und die Omelettmasse darin auf beiden Seiten goldbraun backen. Sofort auf einem vorgewärmten Teller servieren.

Nährwerte pro Portion: 417 kcal/1741 kJ; 24,4 g Eiweiß; 20,2 g Fett; 28,6 g Kohlenhydrate; 2,4 BE
Austausch pro Portion: 2 Eiweiß; ½ Milch; 1½ Getreideerzeugnisse; 1 Fett

Spaghetti mit Rührei

Für 2 Portionen
40 g Spaghetti (Rohgewicht)
100 g Zwiebeln, geschält
1 Knoblauchzehe, geschält
2 TL Margarine
90 g magerer gekochter Schinken
100 ml Milch (1,5% Fett)
2 Eier
Pfeffer, Salz
4 TL geriebener Käse

Zubereitung
Spaghetti in Salzwasser bißfest kochen. Inzwischen gewürfelte Zwiebeln und Knoblauch in Margarine glasig dünsten. In Würfel geschnittenen Schinken zufügen und kurz mitbraten. Milch mit Eiern verquirlen, abschmecken und über die Zwiebeln und den Schinken gießen. Unter gelegentlichem Rühren stocken lassen.
Abgetropfte Spaghetti auf vorgewärmten Tellern anrichten. Rührei darauf verteilen und mit geriebenem Käse bestreut servieren.

Nährwerte pro Portion: 396 kcal/1656 kJ; 24,8 g Eiweiß; 20,6 g Fett; 22,1 g Kohlenhydrate; 1,8 BE
Austausch pro Portion: ½ Gemüse; 1 Fett; 2½ Eiweiß; ¼ Milch; 2 Getreideerzeugnisse; 20 kcal »auf Wunsch«

Käsepizza (Foto Seite 76)

Für 1 Portion
60 g gekühlter Frischteig für Brötchen (Fertigprodukt)
50 g Tomaten
60 g geriebener Parmesan
Kräuter der Provence, gerebelt

Zubereitung
Frischteig auf einem genügend großen Stück Alufolie ausrollen (Durchmesser etwa 15–20 cm). Tomate würfeln und auf dem Teig verteilen, mit geriebenem Käse und Kräutern bestreuen.
Pizza im vorgeheizten Ofen bei 200 °C etwa 15 Minuten backen.

Nährwerte pro Portion: 419 kcal/1750 kJ; 27,2 g Eiweiß; 16,7 g Fett; 34,3 g Kohlenhydrate; 2,9 BE
Austausch pro Portion: 2 Getreideerzeugnisse; ½ Gemüse; 2 Eiweiß

Aufläufe – unkompliziert und beliebt

Apfel-Nudel-Auflauf

Für 2 Portionen
180 g Nudeln nach Wahl, gekocht
150 g Magerquark
250 g Äpfel, geschält und entkernt
¼ TL Zimt
⅛ l Milch (0,3% Fett)
2 TL Zucker
Vanilleextrakt
2 Eier
eventuell Süßstoff

Zubereitung
Nudeln mit Quark vermischen. Die Hälfte davon in eine feuerfeste Auflaufform geben. Äpfel in dünne Scheiben schneiden und auf der Nudel-Quark-Masse verteilen, mit Zimt bestreuen. Restliche Nudel-Quark-Masse auf die Äpfel geben. Milch mit Zucker, Vanilleextrakt und Eiern verquirlen, eventuell mit Süßstoff nachsüßen. Die Eiermilch über die Nudeln gießen. Den Auflauf im vorgeheizten Ofen bei 200°C etwa 45 Minuten backen. Dann in der Form servieren.

Nährwerte pro Portion: 380 kcal/1589 kJ; 24,1 g Eiweiß; 7,9 g Fett; 48,8 g Kohlenhydrate; 4,1 BE
Austausch pro Portion: 1½ Getreideerzeugnisse; 1 Milch; 1 Obst; 20 kcal »auf Wunsch«; 1 Eiweiß

Rhabarberauflauf

Für 1 Portion
250 g Rhabarber, geputzt
Süßstoff, Zimt
60 g Reis, zubereitet
1 Ei, getrennt
75 g Magerquark

Zubereitung
Rhabarber im eigenen Saft gardünsten und würzen. Dann mit Reis, Eigelb und Quark verrühren. Eiweiß steif schlagen und unterheben. Masse in ein feuerfestes Förmchen geben und im Ofen bei 180°C etwa 40 Minuten backen.

Nährwerte pro Portion: 240 kcal/1004 kJ; 12,9 g Eiweiß; 6,9 g Fett; 28,0 g Kohlenhydrate; 2,3 BE
Austausch pro Portion: 1 Obst; 1 Getreideerzeugnis; 2 Eiweiß

Kartoffel-Käse-Pie

Für 4 Portionen
400 g Kartoffeln, geschält
4 Eier
300 g Hüttenkäse (20% Fett i. Tr.)
50 g Paprikaschoten, geputzt
30 g Zwiebeln, geschält
Salz, Pfeffer

Zubereitung
Kartoffeln reiben. Mit Eiern, Hüttenkäse, gewürfelten Paprikaschoten und Zwiebeln zu einem glatten Teig verrühren. Abschmecken. Masse in eine feuerfeste Form geben und im Ofen bei 190°C etwa 45 Minuten backen, bis die Pie gar und goldgelb ist.

Nährwerte pro Portion: 276 kcal/1154 kJ; 19,0 g Eiweiß; 10,4 g Fett; 22,9 g Kohlenhydrate; 1,9 BE
Austausch pro Portion: 1 Kartoffel; 2 Eiweiß; 20 g Gemüse

Bunter Kartoffelauflauf

Für 4 Portionen
800 g Kartoffeln
4 Eier
300 g Tomaten, überbrüht und abgezogen
140 g Gemüsemais (Konserve)
200 g Champignons (Konserve)
140 g Schlagsahne
Salz, Pfeffer
geriebene Muskatnuß
Knoblauch nach Geschmack
120 g Käse (45% Fett i. Tr.), frisch gerieben
4 TL Butter

Zubereitung
Kartoffeln in der Schale gar kochen, pellen und würfeln. Eier inzwischen hartkochen und in Scheiben schneiden, ebenfalls die Tomaten. In eine feuerfeste Form abwechselnd Kartoffeln, Eier- und Tomatenscheiben sowie abgetropften Mais und Pilze schichten. Sahne mit den Gewürzen verquirlen und über die Auflaufzutaten gießen. Geriebenen Käse darüberstreuen. Den Auflauf mit Butterflöckchen belegen und im vorgeheizten Ofen bei 175–185 °C etwa 45 Minuten backen.
Sofort in der Form servieren.

Nährwerte pro Portion: 693 kcal/2895 kJ; 24,8 g Eiweiß; 32,1 g Fett; 68,6 g Kohlenhydrate; 5,7 BE
Austausch pro Portion: 2½ Getreideerzeugnisse; 2 Eiweiß; 1¼ Gemüse; 100 kcal »auf Wunsch«; 1 Fett

Aprikosenauflauf (Foto Seite 74)

Für 6 Portionen
250 g Aprikosen, entsteint
6 TL Zucker
1050 g Magerquark
3 Eier, getrennt
Süßstoff nach Geschmack
30 g Grieß
2 EL Zitronensaft
1 TL Backpulver

Zubereitung
Aprikosen vierteln und in eine feuerfeste Form geben. Mit Zucker bestreuen. Quark, Eigelb, Süßstoff, Grieß, Zitronensaft und Backpulver verrühren, zum Schluß das schnittfest geschlagene Eiweiß unterheben. Quarkmasse auf die Früchte geben.
Den Auflauf im vorgeheizten Ofen bei 200 °C ca. 60–70 Minuten backen.
Sofort in der Form servieren.
Wenn Sie keine frischen Aprikosen bekommen, können Sie auch konservierte Aprikosen (ohne Zucker) verwenden. Der Auflauf schmeckt auch sehr gut mit Zwetschgen.

Nährwerte pro Portion: 174 kcal/726 kJ; 10,6 g Eiweiß; 3,4 g Fett; 23,5 g Kohlenhydrate; 2 BE
Austausch pro Portion: ½ Obst; 1½ Eiweiß; 1 Milch; ¼ Getreideerzeugnis; 20 kcal »auf Wunsch«

Quarkauflauf mit Pilzen

Für 4 Portionen
250 g Magerquark
125 ml Milch (0,3% Fett)
4 TL Grieß
2 Eier, getrennt
300 g Champignons (Konserve)
130 g Zwiebeln, geschält
1 Bund Petersilie
Salz, Pfeffer
Paprika
Knoblauchsalz
4 TL Paniermehl
4 TL geriebener Käse
4 TL Margarine

Zubereitung
Quark, Milch, Grieß und Eigelb verrühren. Champignons gut abtropfen lassen, in Scheiben schneiden und zusammen mit den gewürfelten Zwiebeln und gehackter Petersilie unter die Quarkmasse heben. Steifgeschlagenes Eiweiß unterheben. Abschmecken. Masse in eine Auflaufform geben. Mit Paniermehl und Käse bestreuen. Mit Fettflöckchen belegen.
Auflauf im Ofen bei 200–225 °C 30–40 Minuten backen.

Nährwerte pro Portion: 235 kcal/981 kJ; 17,9 g Eiweiß; 9,4 g Fett; 17,1 g Kohlenhydrate; 1,4 BE
Austausch pro Portion: 1 Eiweiß; 3/8 Milch; 30 kcal »auf Wunsch«; 1 Gemüse; 1 Fett

Sellerieauflauf

Für 2 Portionen
500 g Bleichsellerie, geputzt
Salz
200 g Kartoffeln, gekocht und geschält
100 g Tomaten
240 g Rinderhack, gegrillt

Zubereitung
Sellerie in Stücke schneiden und in wenig Salzwasser ca. 15 Minuten garen.
Inzwischen Kartoffeln zerstampfen. Abwechselnd abgetropfte Selleriestücke, in Scheiben geschnittene Tomaten, gegrilltes Rinderhack und Kartoffelbrei in eine feuerfeste Auflaufform schichten.
Den Auflauf im vorgeheizten Ofen bei 180–200 °C etwa 20 Minuten backen. In der Form servieren.

Nährwerte pro Portion: 362 kcal/1512 kJ; 39,6 g Eiweiß; 7,3 g Fett; 29,1 g Kohlenhydrate; 2,4 BE
Austausch pro Portion: 3 Gemüse; 1 Kartoffel; 4 Eiweiß

Beilagen dürfen nicht fehlen

Endiviensalat mit Ananas

Für 2 Portionen
Saft einer Zitrone
Salz, Pfeffer
3 TL Öl
2 EL Ananassaft (ohne Zucker)
100 g Ananas (ohne Zucker konserviert)
1 Kopf Endiviensalat (200 g)

Zubereitung
Aus Zitronensaft, Salz, Pfeffer, Öl und Ananassaft eine Marinade bereiten.
In Stücke geschnittene Ananas und in Streifen geschnittenen Endiviensalat in einer Schüssel vermischen. Die Marinade darübergießen und gut mit den Salatzutaten vermengen.

Nährwerte pro Portion: 114 kcal/475 kJ; 1,5 g Eiweiß; 7,8 g Fett; 8,8 g Kohlenhydrate; 0,7 BE
Austausch pro Portion: 1½ Fett; ½ Obst; 1 Gemüse

Farmer-Salat

Für 4 Portionen
300 g Möhren, geputzt
200 g Sellerie, geputzt
125 g Porree, geputzt
4 EL Mayonnaise (50% Fett)
Salz, Pfeffer

Zubereitung
Möhren und Sellerie fein raspeln, Porree in ganz feine Ringe schneiden. Alle Zutaten mit Mayonnaise vermengen und den Salat mit Salz und Pfeffer abschmecken.

Nährwerte pro Portion: 138 kcal/577 kJ; 2,4 g Eiweiß; 8,2 g Fett; 12,9 g Kohlenhydrate; 1,1 BE
Austausch pro Portion: 1½ Gemüse; 2 Fett

Pariser Karotten-Kartoffel-Salat

Für 2 Portionen
200 g kleine runde Karotten (Konserve)
50 g Gewürzgurke
200 g Kartoffeln, gekocht und gepellt
1 EL Mayonnaise (50% Fett)
100 ml Joghurt (0,3% Fett)
Salz, Pfeffer
1 Bund Schnittlauch, in Röllchen geschnitten

Zubereitung
Abgetropfte Karotten, gewürfelte Gewürzgurke und in Scheiben geschnittene Kartoffeln in einer Schüssel vermengen.
Aus den restlichen Zutaten eine Marinade bereiten, diese mit den Salatzutaten vermischen. Den Salat gut durchziehen lassen und vor dem Servieren eventuell nochmal abschmecken.

Nährwerte pro Portion: 188 kcal/789 kJ; 5,4 g Eiweiß; 4,3 g Fett; 30,3 g Kohlenhydrate; 2,5 BE
Austausch pro Portion: 1¼ Gemüse; 1 Kartoffel; 1 Fett; ¼ Milch

Kartoffelgemüse

Für 2 Portionen
100 g Zwiebeln, geschält
100 g grüne Paprikaschote, geputzt
2 TL Öl
1 TL Mehl
2 TL Instantbrühe
2 TL Essig
½ TL Zucker
300 g Kartoffeln, gekocht und gepellt
Schnittlauch

Zubereitung
Zwiebeln und Paprikaschote fein würfeln und in heißem Öl weichdünsten. Anschließend mit Mehl bestäuben und mit 150–200 ml Wasser auffüllen. Brühe, Essig und Zucker zufügen. Kartoffeln in dünne Scheiben schneiden, unterheben und mit erwärmen. Mit feingeschnittenem Schnittlauch bestreut servieren.

Nährwerte pro Portion: 237 kcal/991 kJ; 5,7 g Eiweiß; 5,8 g Fett; 38,1 g Kohlenhydrate; 3,2 BE
Austausch pro Portion: 1 Gemüse; 1 Fett; 20 kcal »auf Wunsch«; 1½ Kartoffeln

Tunesisches Kartoffelpüree

Für 1 Portion
200 g Kartoffeln
50 ml Milch (1,5% Fett)
2 TL Halbfettmargarine
3 grüne Oliven
3 schwarze Oliven
1 TL geriebener Meerrettich
Salz, Pfeffer

Zubereitung
Kartoffeln kochen, pellen und zermusen. Heiße Milch, Margarine, feingehackte Oliven und Meerrettich unterrühren. Das Püree mit Salz und Pfeffer abschmecken.

Nährwerte pro Portion: 269 kcal/1126 kJ; 6,3 g Eiweiß; 7,8 g Fett; 40,8 g Kohlenhydrate; 3,4 BE
Austausch pro Portion: 2 Kartoffeln; ¼ Milch; 1 Fett; 30 kcal »auf Wunsch«

Tomatensalat mit Basilikum

Für 2 Portionen
300 g Fleischtomaten
50 g Zwiebel, geschält
Basilikumblätter zum Garnieren
Marinade:
1 EL Olivenöl
1 EL Zitronensaft oder Weinessig
eventuell Süßstoff nach Geschmack
1½ TL frisches Basilikum, gehackt (oder ½ TL getrocknetes Basilikum)
Knoblauchpulver
Salz, Pfeffer

Zubereitung
Tomaten in Scheiben schneiden, Zwiebel in Ringe. Beides auf zwei Tellern dekorativ anrichten. Für die Marinade alle Zutaten verrühren, dann über die Tomaten und Zwiebel gießen. Salat etwas durchziehen lassen und mit Basilikumblättern garniert servieren.

Nährwerte pro Portion: 109 kcal/456 kJ; 1,7 g Eiweiß; 7,8 g Fett; 7,3 g Kohlenhydrate; 0,6 BE
Austausch pro Portion: 1¾ Gemüse; 1½ Fett

Tomaten-Gurken-Salat mit Petersiliendressing

Für 2 Portionen
50 g Tomate
100 g Salatgurke, geschält
Dressing:
2 TL Öl
1½ TL Zitronensaft
1½ TL Essig
Paprikapulver
Salz, Pfeffer
½ TL Senf
1 EL gehackte Petersilie

Zubereitung
Tomate und Gurke in Scheiben schneiden.
Für das Dressing alle Zutaten verrühren und über die Tomaten- und Gurkenscheiben geben. Den Salat gut durchziehen lassen.

Nährwerte pro Portion: 56 kcal/234 kJ; 0,5 g Eiweiß; 5,1 g Fett; 1,5 g Kohlenhydrate; 0,1 BE
Austausch pro Portion: ¾ Gemüse; 1 Fett

Bunter Nudelsalat

Für 2 Portionen
100 g Tomaten
100 g Paprikaschoten, geputzt
25 g Zwiebel, geschält
180 g Nudeln, gegart
Marinade:
50 ml Buttermilch (1% Fett)
1 EL Mayonnaise (50% Fett)
½ TL Zucker
½ TL Senf
Salz, Pfeffer
Knoblauchpulver

Zubereitung
Tomaten und Paprikaschoten würfeln, Zwiebel fein hacken und alles mit den Nudeln mischen.
Die Zutaten für die Marinade miteinander verrühren und über die Salatzutaten geben. Gut durchmischen und den Salat 30 Minuten ziehen lassen. Eventuell noch mit Salz und Pfeffer nachwürzen.

Nährwerte pro Portion: 198 kcal/827 kJ; 6,2 g Eiweiß; 5,2 g Fett; 29,4 g Kohlenhydrate; 2,4 BE
Austausch pro Portion: ⅒ Milch; 1 Fett; 5 kcal »auf Wunsch«; 1⅛ Gemüse; 1½ Getreideerzeugnisse

Gemischtes Fruchtchutney

Für 2 Portionen
20 g getrocknete Aprikosen
20 g Rosinen
50 g Zwiebel, geschält
1½ TL Zucker
1 TL Apfelessig
¼ TL Zimt
Salz

Zubereitung
Aprikosen, Rosinen und Zwiebel fein hacken. Anschließend alle Zutaten mit 2 Eßlöffeln Wasser zum Kochen bringen. 15–20 Minuten unter gelegentlichem Umrühren einkochen lassen.
Das würzige Chutney zu kaltem Fleisch oder als Beilage zu einem Wildgericht servieren.

Nährwerte pro Portion: 59 kcal/245 kJ; 0,6 g Eiweiß; 0,1 g Fett; 13,8 g Kohlenhydrate; 1,1 BE
Austausch pro Portion: 1 Obst; ¼ Gemüse; 15 kcal »auf Wunsch«

Süßes ist immer gefragt

Bananenflip

Für 1 Portion
200 ml Milch (1,5% Fett)
1 Ei
60 g Banane, geschält
Rumaroma
1 TL Puderzucker

Zubereitung
Alle Zutaten im Mixer cremig aufschlagen. Den Flip mit Eiswürfeln servieren.

Nährwerte pro Portion: 272 kcal/1138 kJ; 14,7 g Eiweiß; 9,7 g Fett; 28,8 g Kohlenhydrate; 2,4 BE
Austausch pro Portion: 1 Milch; 1 Eiweiß; 1 Obst; 20 kcal »auf Wunsch«

Knusperflocken

Für 1 Portion
20 g Haferflocken
1 TL Zucker
1 TL Kokosnußflocken
2 TL Butter
100 ml Dickmilch (1,5% Fett)

Zubereitung
Haferflocken mit Zucker und Kokosnußflocken in der zerlassenen Butter bräunen. Dazu die Dickmilch servieren.

Nährwerte pro Portion: 247 kcal/1034 kJ; 6,7 g Eiweiß; 13,0 g Fett; 23,3 g Kohlenhydrate; 1,9 g BE
Austausch pro Portion: 1 Getreideerzeugnis; 30 kcal »auf Wunsch«; 2 Fett; ½ Milch

Mokkasoufflé

Für 4 Portionen
60 g Mehl
4 TL Kakao
1 Prise Salz
100 ml starker schwarzer Kaffee
50 ml Sherry
4 Eier, getrennt
1 TL Süßstoff
100 g Schlagsahne zum Servieren

Zubereitung
Mehl, Kakao, Salz, Kaffee und Sherry gut miteinander verrühren, dann langsam erwärmen, bis die Masse dicklich wird. Eigelb mit Süßstoff schaumig rühren und unter die abgekühlte Kakao-Kaffee-Masse rühren. Eiweiß sehr steif schlagen, ebenfalls unterheben. Die Soufflémasse sofort in eine Auflaufform geben und im vorgeheizten Ofen bei 200 °C etwa 30 Minuten abbacken.
Das Soufflé gleich nach dem Herausnehmen servieren. Die flüssige Sahne dazu reichen.

Nährwerte pro Portion: 262 kcal/1095 kJ; 10,5 g Eiweiß; 15,7 g Fett; 14,3 g Kohlenhydrate; 1,2 BE
Austausch pro Portion: ¾ Getreideerzeugnis; 105 kcal »auf Wunsch«; 1 Eiweiß

Müsli mit Joghurt

Für 1 Portion
20 g getrocknete Pflaumen
20 g Haferflocken
1 EL Weizenkleie
2 TL Honig
200 g Joghurt (0,3% Fett)

Zubereitung
Pflaumen fein würfeln. Mit Haferflocken, Kleie, Honig und Joghurt in einer Schüssel verrühren.

Nährwerte pro Portion: 302 kcal/1263 kJ; 14,2 g Eiweiß; 2,3 g Fett; 50,5 g Kohlenhydrate; 4,2 BE
Austausch pro Portion: 1 Obst; 1 Getreideerzeugnis; 50 kcal »auf Wunsch«; 1 Milch

Müsli Exotica

Für 1 Portion
50 g Kiwi, geschält
30 g Banane, geschält
50 g Mango, geschält
100 g Nektarine, entkernt
2 TL Zitronensaft
20 g Haferflocken
2 TL Kokosraspeln
2 TL Streusüße
200 g Joghurt (0,3% Fett)

Zubereitung
Kiwi und Banane in Scheiben, Mango und Nektarine in Würfel schneiden. Sofort mit Zitronensaft beträufeln. Haferflocken und Kokosraspeln unter das Obst mengen, mit Streusüße süßen.
Den Joghurt getrennt dazu reichen oder nach Belieben mit dem Obst vermischen.

Nährwerte pro Portion: 312 kcal/1302 kJ; 13,7 g Eiweiß; 5,8 g Fett; 49,0 g Kohlenhydrate; 4,1 BE
Austausch pro Portion: 2½ Obst; 1 Getreideerzeugnis; 20 kcal »auf Wunsch«; 1 Milch

Ungebackene Zitronentorte (Foto Seite 75)

Für 4 Portionen
80 g Löffelbiskuits
8 TL Halbfettmargarine
300 g Joghurt (0,3% Fett)
Saft von 4 Zitronen
4 TL Zucker
Süßstoff nach Geschmack
2 Eier, getrennt
9 Blatt weiße Gelatine

Zubereitung
Biskuits fein zerkrümeln und mit Margarine verrühren. Den Boden einer Springform von 20 cm Durchmesser mit Backtrennpapier auslegen und die Biskuitkrümel darauf verteilen. Joghurt mit Zitronensaft, Zucker, Süßstoff nach Belieben und Eigelb verrühren. Die vorher eingeweichte, aufgelöste Gelatine langsam zufügen. Sobald die Masse fast fest ist, das steifgeschlagene Eiweiß unterziehen, dann auf die Biskuitkrümel gleiten lassen.
Die Form in den Kühlschrank stellen und die Torte fest werden lassen.

Nährwerte pro Portion: 239 kcal/1000 kJ; 13,0 g Eiweiß; 8,3 g Fett; 25,2 g Kohlenhydrate; 2,1 BE
Austausch pro Portion: 127 kcal »auf Wunsch«; 1 Fett; ⅜ Milch; ½ Eiweiß

Grießbrei mit Sahne und Zimt

Für 2 Portionen
160 ml ungesüßter Traubensaft
Süßstoff
2 EL Zitronensaft
20 g Grieß
Zimt
70 g Schlagsahne, steifgeschlagen

Zubereitung
Traubensaft mit Süßstoff und Zitronensaft zum Kochen bringen. Grieß langsam einrühren und 20 Minuten quellen lassen. Den abgekühlten Grießbrei mit Zimt bestreuen und mit der Sahne dekoriert servieren.

Nährwerte pro Portion: 207 kcal/866 kJ; 1,9 g Eiweiß; 11,2 g Fett; 23,1 g Kohlenhydrate; 1,9 BE
Austausch pro Portion: 1 Obst; ½ Getreideerzeugnis; 100 kcal »auf Wunsch«

Malteser Reis

Für 2 Portionen
250 ml Milch (0,3% Fett)
6 Blatt weiße Gelatine
90 g Rundkornreis, gekocht
200 g Magerquark
Saft und abgeriebene Schale einer unbehandelten Zitrone
1 TL Vanilleextrakt
2 TL Zucker
Süßstoff nach Belieben
2 Zitronenscheiben
2 Minzeblätter

Zubereitung
Milch erwärmen. Die vorher eingeweichte Gelatine darin auflösen. Reis und Quark unterheben. Mit Saft und Schale der Zitrone, Vanilleextrakt, Zucker und Süßstoff nach Belieben abschmecken.
Den Reis mit Zitronenscheiben und Minze garniert anrichten.

Nährwerte pro Portion: 224 kcal/936 kJ; 25,3 g Eiweiß; 0,5 g Fett; 27,6 g Kohlenhydrate; 2,3 BE
Austausch pro Portion: 1½ Milch; 30 kcal »auf Wunsch«; ¾ Getreideerzeugnis

Für Berufstätige & Eilige

Berufstätige müssen bei der Planung ihrer Mahlzeiten besonders sorgfältig vorangehen. Das beginnt schon beim Einkauf. Machen Sie sich deshalb einen genauen Wochenplan und stellen Sie sich dabei die Frage: Was läßt sich gut vorbereiten, was kann ich mit zur Arbeit nehmen, was hält sich längere Zeit im Kühlschrank? Stellen Sie einen richtigen Menüplan für die ganze Woche auf und schreiben Sie dann Ihre Einkaufsliste. Das spart Zeit und unnötige, unüberlegte Einkäufe in letzter Minute. Grillen Sie zum Beispiel am Abend ein ganzes Huhn, von dem Sie Brust oder Schenkel gleich verspeisen und aus dem Rest einen Geflügelsalat bereiten, den Sie am nächsten Tag mit ins Büro nehmen. Wenn Sie am Abend Gemüse wie Blumenkohl oder Brokkoli garen, bereiten Sie gleich eine größere Menge und schon haben Sie für nächsten Mittag die Basis für einen gesunden Salat, den Sie mit hartgekochtem Ei oder Thunfisch anreichern können. In jedem Fall sollten Sie immer darauf achten, daß Sie trotz Eile genügend frisches Gemüse und Obst essen und so Ihren Vitaminhaushalt in Ordnung halten. Tomaten, Gurken, ein paar Karotten und Obst nach Saison haben immer noch Platz im Aktenköfferchen.

Als kleine, gesunde Zwischenmahlzeiten sollten Sie Joghurt mit etwas Obst, ein selbstgemachtes Müsli oder einen Milchshake (siehe Seite 106) wählen. Das hält fit und bringt Sie bei Stress am Arbeitsplatz wieder in Schwung!

Vorspeisen – klein, aber fein

Tomaten-Frappé

Für 2 Portionen
¼ l Buttermilch (max. 1% Fett)
250 ml Tomatensaft
1 EL Tomatenmark
1 TL Instant-Hühnerbrühe
Zwiebelsalz
Selleriesalz
Pfeffersauce
Zitronenscheiben zum Garnieren

Zubereitung
Buttermilch mit Tomatensaft und -mark im Mixer glattrühren. Mit allen weiteren Zutaten pikant abschmecken.
Frappé in vorgekühlte Gläser füllen und mit Zitronenscheiben garniert servieren.

Nährwerte pro Portion: 78 kcal/327 kJ; 6,1 g Eiweiß; 0,9 g Fett; 11,1 g Kohlenhydrate; 0,9 BE
Austausch pro Portion: ½ Milch; ½ Obst; 10 kcal »auf Wunsch«

Tomatenjoghurt

Für 2 Portionen
250 ml Tomatensaft
200 g Joghurt (0,3% Fett)
2 TL Zitronensaft
Salz
Pfeffersauce

Zubereitung
Alle Zutaten im Mixer glattrühren. Pikant abschmecken und eiskalt servieren.

Nährwerte pro Portion: 64 kcal/268 kJ; 5,3 g Eiweiß; 0,2 g Fett; 10,2 g Kohlenhydrate; 0,8 BE
Austausch pro Portion: ½ Obst; ½ Milch

Pikante Tomaten-Aprikosen-Suppe

Für 1 Portion
250 ml Tomatensaft
100 g Aprikosen (Konserve ohne Zucker)
2 EL Aprikosensaft (ohne Zucker)
Salz, Pfeffer
Pfeffersauce
1½ EL Crème fraîche
Schnittlauch

Zubereitung
Tomatensaft erhitzen. Aprikosen in Scheiben schneiden und mit dem Aprikosensaft zufügen. Die Suppe abschmecken und mit Crème fraîche verfeinern. Mit gehacktem Schnittlauch bestreut servieren.

Nährwerte pro Portion: 175 kcal/733 kJ; 3,3 g Eiweiß; 7,4 g Fett; 23,7 g Kohlenhydrate; 2,0 BE
Austausch pro Portion: 2 Obst; 100 kcal »auf Wunsch«

Drei-Bohnensalat

Für 2 Portionen
100 g grüne Bohnen (Konserve)
100 g Wachsbohnen (Konserve)
120 g rote Kidneybohnen (Konserve)
50 g Zwiebel, geschält
2 EL Rotweinessig
2 EL Wasser
1 EL Zitronensaft
1 TL Öl
Oregano
Salz, Pfeffer
Süßstoff nach Belieben
1 TL geröstete Sesamkörner

Zubereitung
Alle drei Bohnensorten abtropfen lassen und mit gehackter Zwiebel vermengen. Aus den restlichen Zutaten, außer Sesamkörnern, eine Marinade bereiten und diese über den Salat geben; gut durchziehen lassen.
Den Salat mit Sesamkörnern bestreut servieren.

Nährwerte pro Portion: 279 kcal/1165 kJ; 14,3 g Eiweiß; 3,6 g Fett; 41,2 g Kohlenhydrate; 3,4 BE
Austausch pro Portion: 1¼ Gemüse; 1 Eiweiß; ½ Fett; 10 kcal »auf Wunsch«

Eier im Kressebett (Foto Seite 93)

Für 2 Portionen
4 Eier, hartgekocht
1 TL Senf
1 TL Kapern, gehackt
2 TL Ketchup
Kresse

Zubereitung
Eier halbieren. Eigelb herauslösen und mit Senf, Kapern und Ketchup verrühren. Die Masse in die Eiweißhälften füllen. Eier auf einem Kressebett servieren.

Nährwerte pro Portion: 196 kcal/818 kJ; 14,8 g Eiweiß; 12,8 g Fett; 2,0 g Kohlenhydrate; 0,2 BE
Austausch pro Portion: 2 Eiweiß; 5 kcal »auf Wunsch«

Ei im Nest

Für 1 Portion
100 g Kartoffelpüree (Fertigprodukt), zubereitet
2 TL Senf
Kresse
1 Ei, hartgekocht
2 TL Tomatenketchup

Zubereitung
Kartoffelpüree mit Senf abschmecken. In eine Spritztülle füllen und ringförmig auf einen Teller spritzen. Reichlich mit Kresse bestreuen. Das Ei in die Mitte des Ringes legen und mit Ketchup garnieren.

Nährwerte pro Portion: 473 kcal/1977 kJ; 16,2 g Eiweiß; 7,0 g Fett; 81,4 g Kohlenhydrate; 6,8 BE
Austausch pro Portion: 1 Kartoffel; 1 Eiweiß; 10 kcal »auf Wunsch«

Feuriger Fischsalat

Für 2 Portionen
90 g Fischfilet, gekocht
100 g Erbsen (Tiefkühlware)
70 g Maisgemüse (Konserve)
100 g Paprikaschoten, geputzt
25 g Zwiebel, geschält
Marinade:
1 EL Tomatenmark
1 EL Mayonnaise (50% Fett)
2 TL Ketchup
Salz, Pfeffer
Pfeffersauce
Paprikapulver

Zubereitung
Fischfilet würfeln. Mit abgetropften Erbsen, Mais, gewürfelten Paprikaschoten und gehackter Zwiebel vermengen.
Die restlichen Zutaten verrühren und sehr scharf abschmekken. Die Sauce vorsichtig unter die Salatzutaten heben.

Nährwerte pro Portion: 195 kcal/813 kJ; 15,8 g Eiweiß; 5,0 g Fett; 18,7 g Kohlenhydrate; 1,6 BE
Austausch pro Portion: 1½ Eiweiß; 1 stärkehaltiges Gemüse; ½ Gemüse; 10 kcal »auf Wunsch«; 1 Fett

Krabbencocktail (Foto rechte Seite unten)

Für 2 Portionen
125 g Grapefruit, geschält
100 g Artischocken (Konserve)
100 g Ananas (Konserve ohne Zucker)
240 g Krabbenfleisch (Konserve)
Marinade:
2 EL Mayonnaise (50% Fett)
4 TL Tomatenketchup
Sojasauce
2 EL Ananassaft (ohne Zucker)
Salz
Süßstoff
½ TL Senf
2 Scheiben Zitrone und Dill zum Garnieren

Zubereitung
Grapefruit, abgetropfte Artischocken und Ananas würfeln. Mit den Krabben vermengen.
Aus den restlichen Zutaten eine Marinade bereiten und über den Salat geben.
Den Salat in Cocktailgläser füllen und mit Zitrone und Dill garniert servieren.

Nährwerte pro Portion: 290 kcal/1211 kJ; 24,5 g Eiweiß; 9,9 g Fett; 22,5 g Kohlenhydrate; 1,9 BE
Austausch pro Portion: 1 Obst; ½ Gemüse; 4 Eiweiß; 2 Fett; 10 kcal »auf Wunsch«

Eier im Kressebett (Rezept Seite 91)
und Krabbencocktail (Rezept diese Seite)
Seite 94: *Williams-Toast (Rezept Seite 102)*

Leberwurstcräcker

Für 2 Portionen
25 g eingelegte Gewürzgurke
90 g Geflügelleberwurst
1 TL Mayonnaise (80% Fett)
Zwiebelsalz
Knoblauchpulver
20 g Cräcker

Zubereitung
Die Hälfte der Gewürzgurke fein würfeln. Mit Leberwurst, Mayonnaise und Gewürzen verrühren. Masse auf die Cräcker verteilen. Die andere Hälfte der Gurke in Scheiben schneiden und die Cräcker damit garnieren.

Nährwerte pro Portion: 181 kcal/758 kJ; 8,8 g Eiweiß; 11,6 g Fett; 8,8 g Kohlenhydrate; 0,7 BE
Austausch pro Portion: ⅛ Gemüse; 1½ Eiweiß; ½ Fett; ½ Getreideerzeugnis

Sommerliche Gurkenkaltschale

Für 2 Portionen
300 g Gurke
100 g Tomate
1 Knoblauchzehe
¼ l Buttermilch
Paprikapulver edelsüß
Salz, Pfeffer
½ Bund Dill

Zubereitung
Gurke schälen und grob würfeln, Tomate mit heißem Wasser überbrühen, enthäuten, entkernen und ebenfalls würfeln. Beides mit dem geschälten Knoblauch und der Buttermilch im Mixer pürieren. Die Mischung pikant abschmecken und für mindestens 1 Stunde in den Kühlschrank stellen. Vor dem Servieren mit feingehacktem Dill bestreuen.

Nährwerte pro Portion: 129 kcal/540 kJ; 11,0 g Eiweiß; 3,0 g Fett; 16,2 g Kohlenhydrate
Austausch pro Portion: ½ Milch; 2 Gemüse

Griechisches Tsatsiki

Für 2 Portionen
100 g Magerquark
1–2 EL Mineralwasser
100 g Salatgurke
4–5 Knoblauchzehen
Salz
frisch gemahlener schwarzer Pfeffer

Zubereitung
Magerquark in einer Schüssel mit Mineralwasser glattrühren. Die Gurke schälen und fein raspeln. Knoblauchzehen schälen und ganz fein hacken oder durch die Presse drücken. Gurke etwas ausdrücken und zusammen mit dem Knoblauch unter die Quarkmasse rühren, dann pikant abschmecken. Tsatsiki bis zum Servieren etwas durchziehen lassen.

Nährwerte pro Portion: 47 kcal/197 kJ; 9,0 g Eiweiß; 1,0 g Kohlenhydrate
Austausch pro Portion: ½ Gemüse; ½ Milch

Kalbskotelett Honolulu (Rezept Seite 101)
Seite 95: *Drink Mai Tai, Mokkamilch und Tutti-frutti-Milchshake (Rezepte Seite 106/107)*

Hauptgerichte mit wenig Aufwand

Heringssalat Kopenhagen

Für 1 Portion
120 g Bismarckheringe
100 g eingelegter Sellerie
100 g rote Paprikaschoten, geputzt
125 g Äpfel, geschält und entkernt
25 g Zwiebel, geschält
70 g Gemüsemais (Konserve)
100 g Joghurt (0,3% Fett)
6 TL Tomatenketchup
Paprika
Pfeffer, Salz

Zubereitung
Heringe, abgetropften Sellerie, Paprikaschoten, Apfel und Zwiebel würfeln. Mit abgetropftem Gemüsemais, Joghurt und Ketchup vermengen. Alles pikant mit den Gewürzen abschmecken.
Den Salat gut durchziehen lassen.

Nährwerte pro Portion: 557 kcal/2329 kJ; 29,9 g Eiweiß; 21,3 g Fett; 55,6 g Kohlenhydrate; 4,6 BE
Austausch pro Portion: 4 Eiweiß; 2¼ Gemüse; 1 Obst; 1 stärkehaltiges Gemüse; ½ Milch; 30 kcal »auf Wunsch«

Thunfisch Delicius

Für 2 Portionen
120 g Thunfisch (konserviert im eigenen Saft)
150 g Hüttenkäse (20% Fett i. Tr.)
50 g grüne Paprikaschote, geputzt
70 g Maisgemüse (Konserve)
1 TL Zitronensaft
1 TL Worcestersauce
Pfeffersauce
2 Salatblätter
2 Zitronenscheiben

Zubereitung
Abgetropften, zerpflückten Thunfisch mit Hüttenkäse, feingewürfelter Paprikaschote, abgetropftem Maisgemüse und Zitronensaft vermengen. Abschmecken und auf Salatblättern anrichten.
Mit Zitronenscheiben garniert servieren.

Nährwerte pro Portion: 408 kcal/1707 kJ; 27,2 g Eiweiß; 17,8 g Fett; 28,8 g Kohlenhydrate; 2,4 BE
Austausch pro Portion: 3 Eiweiß; ¼ Gemüse; ½ stärkehaltiges Gemüse

Thunfischspaghetti

Für 2 Portionen
180 g Thunfisch (konserviert im eigenen Saft)
2 TL Öl
200 g Tomaten (Konserve)
8 TL Weißwein
Basilikum
Salbei
Oregano
Salz, Pfeffer
240 g Spaghetti, gegart

Zubereitung
Abgetropften Thunfisch zerkleinern. In Öl anbraten. Tomaten mit Saft hinzufügen. Mit Wein und Gewürzen abschmecken. Sauce zu den Spaghetti servieren.

Nährwerte pro Portion: 508 kcal/2125 kJ; 27,7 g Eiweiß; 25,1 g Fett; 32,1 g Kohlenhydrate; 2,7 BE
Austausch pro Portion: 3 Eiweiß; 1 Fett; 1 Gemüse; 20 kcal »auf Wunsch«; 2 Getreideerzeugnisse

Kabeljau in Paprikasauce

Für 2 Portionen
300 g tiefgekühltes Kabeljaufilet (Rohgewicht)
Essig
Salz
3 TL Margarine
4 TL Mehl
100 ml Milch (1,5% Fett)
50 g eingelegter Tomatenpaprika
1 EL Tomatenmark
Pfeffer
Pfeffersauce
Paprikapulver

Zubereitung
Angetauten Kabeljau säuern und salzen. In 100 ml Wasser gardünsten. Anschließend warm stellen. Sud aufbewahren. Margarine schmelzen. Mehl darin anschwitzen. Nach und nach Milch und Fischsud einrühren. Kleingewürfelten Tomatenpaprika und Tomatenmark zufügen und die Sauce pikant abschmecken.
Die Sauce zum Fisch servieren.

Nährwerte pro Portion: 252 kcal/1054 kJ; 29,8 g Eiweiß; 7,7 g Fett; 11,6 g Kohlenhydrate; 1,0 BE
Austausch pro Portion: 4 Eiweiß; 1½ Fett; 25 kcal »auf Wunsch«; ¼ Milch; ¼ Gemüse

Krabben auf Remoulade

Für 2 Portionen
4 TL Mayonnaise (80% Fett)
100 g Magerquark
50 g Gewürzgurke
gemischte Kräuter (Tiefkühlware)
Zitronensaft
1 TL Senf
Salz, Pfeffer
2 Salatblätter
180 g Krabben (Konserve)
Dill und 2 Zitronenscheiben zum Garnieren

Zubereitung
Mayonnaise, Quark, feingewürfelte Gewürzgurke, Kräuter und Gewürze verrühren. Die Remoulade auf Salatblättern anrichten. Die Krabben auf die Remoulade geben und mit Dillzweigen und Zitronenscheiben garnieren.

Nährwerte pro Portion: 206 kcal/859 kJ; 23,9 g Eiweiß; 9,7 g Fett; 2,5 g Kohlenhydrate; 0,2 BE
Austausch pro Portion: 2 Fett; ½ Milch; ¼ Gemüse; 3 Eiweiß

Krabben in Tomatenaspik

Für 3 Portionen
⅜ l Tomatensaft
1 TL Zitronensaft
Salz, Pfeffer
6 Blatt Gelatine
2 TL gehackte Petersilie
3 Eier, hartgekocht
180 g Krabben (Konserve)

Zubereitung
Tomatensaft mit Zitronensaft und 2 Eßlöffeln Wasser erwärmen. Abschmecken. Die vorher eingeweichte Gelatine darin lösen. Eier pellen, in drei kleine Schälchen geben. Darauf die Krabben verteilen. Mit Petersilie bestreuen und mit dem gewürzten Tomatensaft begießen. Das Aspik im Kühlschrank fest werden lassen. Vor dem Servieren die Schälchen kurz in heißes Wasser stellen. Anschließend stürzen.

Nährwerte pro Portion: 184 kcal/771 kJ; 21,1 g Eiweiß; 7,3 g Fett; 5,7 g Kohlenhydrate; 0,5 BE
Austausch pro Portion: ½ Obst; 6 kcal »auf Wunsch«; 3 Eiweiß

Shrimp-Toast »olè«

Für 2 Portionen
2 TL Margarine
2 TL Mehl
100 ml Milch (1,5% Fett)
60 g geriebener Chester-Käse (45% Fett i. Tr.)
120 g Krabbenfleisch (Konserve)
60 g Toastbrot
Petersilie

Zubereitung
Margarine schmelzen. Mehl einrühren und unter ständigem Rühren die Milch hinzufügen. Den geriebenen Käse und die abgetropften Krabben unterheben.
Die Mischung auf geröstetem Toastbrot anrichten, mit feingehackter Petersilie bestreut servieren.

Nährwerte pro Portion: 339 kcal/1417 kJ; 24,5 g Eiweiß; 15,0 g Fett; 21,7 g Kohlenhydrate; 1,8 BE
Austausch pro Portion: 1 Fett; 10 kcal »auf Wunsch«; ¼ Milch; 3 Eiweiß; 1 Brot

Scholle Argentina (Foto Seite 115)

Für 2 Portionen
240 g tiefgekühltes Schollenfilet (Rohgewicht)
Zitronensaft
200 g Spargel (Konserve)
Salz, Pfeffer
25 g eingelegter Tomatenpaprika
45 g Tomaten
12–15 g Magermilchpulver
Petersilie

Zubereitung
Schollenfilets säubern und mit Zitronensaft säuern. In eine feuerfeste Form geben. Die Hälfte der Spargelmenge mit ⅛ l Spargelwasser im Mixer pürieren. Abschmecken und über den Fisch geben. Tomatenpaprika und Tomaten fein würfeln und mit dem restlichen Spargel ebenfalls auf den Fisch geben. Den Fisch im Ofen bei 200–225 °C etwa 30 Minuten zugedeckt garen. Anschließend Magermilchpulver unter die Sauce rühren.
Das Gericht mit feingehackter Petersilie bestreut servieren.

Nährwerte pro Portion: 151 kcal/631 kJ; 25,1 g Eiweiß; 1,4 g Fett; 7,1 g Kohlenhydrate; 0,6 BE
Austausch pro Portion: 3 Eiweiß; 1½ Gemüse; ¼ Milch

Rinderleber mit Pfefferpüree

Für 1 Portion
150 g Rinderleber (Rohgewicht)
1 TL Margarine
100 g Tomaten
Salz
100 g Kartoffelpüree (Fertigprodukt), zubereitet
½–1 EL grüne Pfefferkörner

Zubereitung
Leber in Margarine von beiden Seiten braten, die gewürfelten Tomaten mitbraten. Anschließend salzen und auf einer Platte warmhalten. Kartoffelpüree mit Pfefferkörnern verrühren und zur Leber und den Tomaten servieren.

Nährwerte pro Portion: 635 kcal/2656 kJ; 39,1 g Eiweiß; 9,4 g Fett; 90,8 g Kohlenhydrate; 7,6 BE
Austausch pro Portion: 4 Eiweiß; 1 Fett; 1 Gemüse; 1 Kartoffel

Kalbskotelett Honolulu (Foto Seite 96)

Für 1 Portion
100 g Ananas (Konserve ohne Zucker)
2 EL Ananassaft (ohne Zucker)
1 EL Worcestersauce
1 EL Weinessig
1 EL Sojasauce
½ TL Zucker
2 TL Tomatenketchup
150 g Kalbskotelett (Rohgewicht ohne Knochen)

Zubereitung
Ananas in Würfel schneiden. Ananassaft, Worcestersauce, Weinessig, Sojasauce, Zucker und Ketchup verrühren. Ananaswürfel und Kotelett in der Marinade ca. 3 Stunden einlegen. Anschließend Fleisch und Früchte aus der Marinade nehmen. Kotelett und Ananaswürfel unter den vorgeheizten Grill geben und etwa 10 Minuten grillen; dabei einmal wenden und ab und zu mit der Marinade beträufeln.
Fleisch und Fruchtwürfel auf einem vorgewärmten Teller anrichten.

Nährwerte pro Portion: 260 kcal/1085 kJ; 32,3 g Eiweiß; 4,8 g Fett; 18,1 g Kohlenhydrate; 1,5 BE
Austausch pro Portion: 1 Obst; 4 Eiweiß; 20 kcal »auf Wunsch«

Paniertes Lamm

Für 2 Portionen
240 g gekochtes Lammfleisch (in Scheiben)
4 TL Senf
¼ TL gerebelter Thymian
20 g Paniermehl
1 EL Öl

Zubereitung
Lammfleischscheiben mit Senf bestreichen und mit Thymian würzen, dann in Paniermehl wälzen. Das Fleisch in heißem Öl von jeder Seite etwa 2 Minuten braten.

Nährwerte pro Portion: 423 kcal/1769 kJ; 30,4 g Eiweiß; 27,6 g Fett; 7,2 g Kohlenhydrate; 0,6 BE
Austausch pro Portion: 4 Eiweiß; ½ Getreideerzeugnis; 1½ Fett

Eier-Schinken-Cocktail

Für 4 Portionen
4 Eier, hartgekocht
180 g magerer roher Schinken
4 TL Mayonnaise (80% Fett)
100 g Joghurt (0,3% Fett)
Salz, Pfeffer
Paprikapulver
Schnittlauch, Kresse

Zubereitung
Eier und Schinken würfeln. Mayonnaise, Joghurt und Gewürze verrühren. Das Dressing über die Eier-Schinken-Würfel gießen, gut unterheben und den Cocktail mit feingeschnittenem Schnittlauch und Kresse bestreuen.

Nährwerte pro Portion: 321 kcal/1343 kJ; 16,6 g Eiweiß; 25,5 g Fett; 1,6 g Kohlenhydrate; 0,1 BE
Austausch pro Portion: 2½ Eiweiß; 1 Fett; ⅛ Milch

Williams-Toast (Foto Seite 94)

Für 2 Portionen
60 g Toastbrot
2 TL Butter
90 g magerer gekochter Schinken (in Scheiben)
100 g Birne, geschält und entkernt
60 g Goudascheiben (45% Fett i. Tr.)

Zubereitung
Toastbrot rösten. Dann mit Butter bestreichen und mit gekochtem Schinken belegen. Die Birne in Spalten schneiden und auf dem Schinken verteilen. Zum Schluß den Käse über die Birnen legen. Toasts im vorgeheizten Ofen bei ca. 220 °C überbacken, bis der Käse geschmolzen ist.
Sofort servieren.

Nährwerte pro Portion: 362 kcal/1513 kJ; 20,0 g Eiweiß; 19,2 g Fett; 22,9 g Kohlenhydrate; 1,9 BE
Austausch pro Portion: 1 Brot; 1 Fett; 2½ Eiweiß; ½ Obst

Broccolisoufflé

Für 2 Portionen
2 Eier, getrennt
200 g Magerquark
2 TL Speisestärke
Salz, Pfeffer
200 g Broccoli (evtl. Tiefkühlware), gegart
20 g Paniermehl
4 TL geriebener Käse
4 TL Butter

Zubereitung
Eigelb, Quark, Speisestärke, Salz und Pfeffer verrühren. Broccoli im Mixer pürieren. Das Püree unter die Quarkmasse rühren. Eiweiß steif schlagen und vorsichtig unterheben. Die Masse in eine Auflaufform geben. Mit Paniermehl und Käse bestreuen sowie mit Butterflöckchen belegen. Im vorgeheizten Ofen bei 200 °C etwa 30 Minuten backen.
Das Soufflé sofort auftragen.

Nährwerte pro Portion: 377 kcal/1576 kJ; 28,4 g Eiweiß; 18,2 g Fett; 20,5 g Kohlenhydrate; 1,7 BE
Austausch pro Portion: 1 Eiweiß; 1 Milch; 30 kcal »auf Wunsch«; 1 Gemüse; 2 Fett; ½ Getreideerzeugnis

Gratinierter Broccoli

Für 2 Portionen
500 g Broccoli (Tiefkühlware)
Salz
3 TL Margarine
4 TL Mehl
100 ml Milch (1,5% Fett)
Muskat, Pfeffer
120 g geriebener Käse (45% Fett i. Tr.)

Zubereitung
Broccoli in Salzwasser ca. 15 Minuten garen. Anschließend abtropfen lassen und in eine feuerfeste Form geben. 100 ml Gemüsewasser aufbewahren. Margarine schmelzen. Mehl darin anschwitzen. Nach und nach Milch und Gemüsewasser einrühren. Abschmecken. Die Sauce über den Broccoli geben. Mit geriebenem Käse bestreuen. Das Gemüse im Ofen bei 200 °C überbacken, bis der Käse geschmolzen ist.

Nährwerte pro Portion: 432 kcal/1808 kJ; 25,9 g Eiweiß; 24,4 g Fett; 23,1 g Kohlenhydrate; 1,9 BE
Austausch pro Portion: 2½ Gemüse; 1½ Fett; 20 kcal »auf Wunsch«; ¼ Milch; 2 Eiweiß

Beilagen – auch dafür bleibt Zeit

Kartoffel-Kräuter-Klöße

Für 2 Portionen
40 g Kartoffelkloßpulver (Fertigprodukt)
verschiedene Kräuter, z. B. Schnittlauch, Petersilie, Dill, Kresse
Salz

Zubereitung
Kartoffelkloßpulver nach Vorschrift zubereiten, dann die feingewiegten Kräuter unterziehen. Aus der Masse nicht zu große Klöße formen und diese in kochendem Salzwasser nach Vorschrift garen.

Nährwerte pro Portion: 71 kcal/297 kJ; 1,4 g Eiweiß; 0,3 g Fett; 15 g Kohlenhydrate; 1,3 BE
Austausch pro Portion: 1 Kartoffel

Würziger Quark

Für 4 Portionen
400 g Magerquark
1 TL Meerrettich
50 g eingelegter Sellerie
50 g eingelegter Tomatenpaprika
50 g Radieschen
50 g Champignons (Konserve)
2 EL Zitronensaft
Salz, Pfeffer
Zwiebelsalz
Schnittlauch

Zubereitung
Quark mit Meerrettich, fein gewürfeltem Sellerie, Tomatenpaprika, Radieschen und Champignons verrühren. Mit Zitronensaft und Gewürzen abschmecken. Den Quark mit feingeschnittenem Schnittlauch bestreut servieren, z. B. zu Folienkartoffeln.

Nährwerte pro Portion: 92 kcal/383 kJ; 14,3 g Eiweiß; 0,4 g Fett; 6,6 g Kohlenhydrate; 0,6 BE
Austausch pro Portion: 1 Milch; ½ Gemüse

Salat Hai Tai

Für 2 Portionen
300 g frische Sojasprossen
50 g Zwiebel, geschält
100 g eingelegter Tomatenpaprika
3 EL Sojasauce
2 EL Essig
4 TL Öl
Süßstoff
4 TL Sesamkerne, geröstet

Zubereitung
Sojasprossen mit kochendem Wasser übergießen. Anschließend gut abtropfen lassen. Mit feingehackter Zwiebel und gewürfeltem Tomatenpaprika vermengen.
Aus Sojasauce, Essig, Öl und Süßstoff eine Marinade bereiten und über den Salat geben.
Salat gut durchziehen lassen und mit Sesamkernen bestreut servieren.

Nährwerte pro Portion: 209 kcal/874 kJ; 4,5 g Eiweiß; 10,5 g Fett; 12,4 g Kohlenhydrate; 1,0 BE
Austausch pro Portion: 2¼ Gemüse; 2 Fett; 40 kcal »auf Wunsch«

Spargel in Vinaigrette

Für 2 Portionen
300 g Spargel (Konserve)
Marinade:
2 EL Reisessig oder Kräuteressig
1 EL Zitronensaft
1 EL Olivenöl
¼ TL Senf
1 Messerspitze Zitronenschale
Salz, Pfeffer
Süßstoff
Petersilie zum Garnieren

Zubereitung
Alle Zutaten für die Marinade verrühren und den abgetropften Spargel darin einlegen.
Gut durchziehen lassen und mit feingehackter Petersilie bestreut servieren.

Nährwerte pro Portion: 98 kcal/410 kJ; 2,8 g Eiweiß; 7,9 g Fett; 3,5 g Kohlenhydrate; 0,3 BE
Austausch pro Portion: 1½ Fett; 1½ Gemüse

Champignonsauce

Für 2 Portionen
300 g Champignons (Konserve)
⅛ l Milch (0,3% Fett)
1 TL Instant-Hühnerbrühe
Nestargel zum Binden

Zubereitung
Pilze mit ca. ⅛ Liter Dosenflüssigkeit und Milch im Mixer pürieren. Die Sauce anschließend langsam in einem Topf erwärmen, Instantbrühe darin auflösen und nach Wunsch mit etwas Nestargel andicken.
Paßt gut zu Teigwaren oder Hühnerfleisch.

Nährwerte pro Portion: 64 kcal/268 kJ; 6,1 g Eiweiß; 1 g Fett; 7,6 g Kohlenhydrate; 0,6 BE
Austausch pro Portion: 1½ Gemüse; ¼ Milch; 5 kcal »auf Wunsch«

Remouladensauce

Für 2 Portionen
125 ml Buttermilch (1% Fett)
100 ml Dickmilch (1,5% Fett)
25 g eingelegte Gewürzgurke
1 EL Kapern
Schnittlauch
Petersilie
Estragon
50 g eingelegter Tomatenpaprika
Salz, Pfeffer
Zwiebelsalz
Knoblauchpulver

Zubereitung
Buttermilch und Dickmilch mit gewürfelten Gurken, feingeschnittenen Kapern, gehackten Kräutern und in feine Streifen geschnittenem Tomatenpaprika verrühren. Sauce pikant abschmecken und z. B. zu kaltem Fleisch reichen.

Nährwerte pro Portion: 55 kcal/231 kJ; 4,4 g Eiweiß; 1,2 g Fett; 6,0 g Kohlenhydrate; 0,5 BE
Austausch pro Portion: ½ Milch; 40 g Gemüse

Desserts ohne Probleme

Erdbeerspeise

Für 2 Portionen
250 g Erdbeeren (Tiefkühlware)
250 ml Buttermilch (max. 1% Fett)
1 TL Zucker
3 Blatt Gelatine

Zubereitung
Erdbeeren zusammen mit Buttermilch und Zucker im Mixer pürieren. Gelatine einweichen, tropfnaß in einem Topf auflösen. Nach und nach die Erdbeerbuttermilch einrühren. Dessert auf Schälchen verteilen und im Kühlschrank fest werden lassen.

Nährwerte pro Portion: 116 kcal/484 kJ; 6,6 g Eiweiß; 1,1 g Fett; 19,3 g Kohlenhydrate; 1,6 BE
Austausch pro Portion: 1 Obst; ½ Milch; 25 kcal »auf Wunsch«

Erdbeer-Orangen-Eis

Für 2 Portionen
125 ml ungesüßter Orangensaft
250 g tiefgefrorene Erdbeeren
2 TL Puderzucker
70 g Schlagsahne

Zubereitung
Alle Zutaten im Mixer pürieren. Das Eis in gekühlte Gläser füllen und sofort servieren.

Nährwerte pro Portion: 208 kcal/867 kJ; 2,3 g Eiweiß; 11,7 g Fett; 22,4 g Kohlenhydrate; 1,9 BE
Austausch pro Portion: 1½ Obst; 120 kcal »auf Wunsch«

Aprikosen-Himbeer-Kaltschale

Für 2 Portionen
200 g Aprikosen (Konserve ohne Zucker)
125 ml Weißwein
4 EL Aprikosensaft (ohne Zucker)
1 EL Zitronensaft
abgeriebene Schale einer Zitrone
Süßstoff
125 g Himbeeren (Tiefkühlware)

Zubereitung
Aprikosen mit Wein, Aprikosensaft und Zitronensaft im Mixer pürieren. Abschmecken. Die aufgetauten Himbeeren hinzufügen. Das Dessert eiskalt servieren.

Nährwerte pro Portion: 123 kcal/513 kJ; 1,8 g Eiweiß; 0,1 g Fett; 17,4 g Kohlenhydrate; 1,4 BE
Austausch pro Portion: 1½ Obst; 50 kcal »auf Wunsch«

Fruchtsalat mit Kokosraspeln

Für 1 Portion
75 g Trauben
100 g Ananas (Konserve ohne Zucker)
2 EL Ananassaft (ohne Zucker)
für 20 kcal kalorienarme Orangenmarmelade
1 TL Kokosraspeln

Zubereitung
Trauben halbieren und entkernen. Mit in Stücke geschnittener Ananas vermengen. Früchte in ein feuerfestes Schälchen geben. Ananassaft mit Marmelade erhitzen, bis die Marmelade geschmolzen ist. Über den Obstsalat geben. Mit Kokosraspeln bestreuen und unter dem vorgeheizten Grill überbräunen.

Nährwerte pro Portion: 130 kcal/543 kJ; 1,0 g Eiweiß; 0,4 g Fett; 30,7 g Kohlenhydrate; 2,6 BE
Austausch pro Portion: 2 Obst; 30 kcal »auf Wunsch«

Drink Mai Tai (Foto Seite 95)

Für 2 Portionen
2 EL Orangensaftkonzentrat (Tiefkühlware)
2 TL Zitronensaft
1 TL Zucker
Rumaroma
Mineralwasser
2 Zitronenscheiben

Zubereitung
Aufgetautes Orangensaftkonzentrat, Zitronensaft, Zucker und Rumaroma verrühren. Auf 2 Gläser verteilen, mit Mineralwasser auffüllen und mit Zitronenscheiben garnieren.

Nährwerte pro Portion: 47 kcal/197 kJ; 0,4 g Eiweiß; 0,2 g Fett; 11,0 g Kohlenhydrate; 0,9 BE
Austausch pro Portion: ½ Obst; 10 kcal »auf Wunsch«

Tutti-frutti-Milchshake (Foto Seite 95)

Für 2 Portionen
100 g Ananas (Konserve ohne Zucker)
2 EL Ananassaft (ohne Zucker)
60 g Banane, geschält
1 EL Orangensaftkonzentrat (Tiefkühlware)
250 ml Buttermilch (max. 1% Fett)
1 TL Zucker
½ TL Vanilleextrakt
1 Minzezweig zu Garnieren

Zubereitung
Alle Zutaten im Mixer pürieren.
Milchshake auf 2 Gläser verteilen, Eiswürfeln dazugeben und mit Minze garniert servieren.

Nährwerte pro Portion: 131 kcal/548 kJ; 5,1 g Eiweiß; 0,9 g Fett; 25,3 g Kohlenhydrate; 2,1 BE
Austausch pro Portion: 1¼ Obst; ½ Milch; 10 kcal »auf Wunsch«

Mokkamilch (Foto Seite 95)

Für 1 Portion
125 ml Milch (0,3% Fett)
1 TL Instantkaffee
Süßstoff
30 g Schlagsahne

Zubereitung
Alle Zutaten im Mixer schaumig schlagen. Die Mokkamilch gekühlt servieren.

Nährwerte pro Portion: 139 kcal/581 kJ; 5,1 g Eiweiß; 9,6 g Fett; 7,0 g Kohlenhydrate; 0,6 BE
Austausch pro Portion: ½ Milch; 50 kcal »auf Wunsch«

Zwieback kubanisch

Für 1 Portion
4 TL Halbfettbutter
½ TL Instant-Kaffee
Süßstoff
20 g Zwieback
1 TL Kokosraspeln

Zubereitung
Butter mit Kaffee und Süßstoff verrühren. Den Zwieback mit der Creme bestreichen. Mit Kokosraspeln bestreut servieren.

Nährwerte pro Portion: 161 kcal/671 kJ; 2,8 g Eiweiß; 8,8 g Fett; 15,8 g Kohlenhydrate; 1,3 BE
Austausch pro Portion: 2 Fett; 1 Getreideprodukt; 10 kcal »auf Wunsch«

Pfirsiche mit Erdbeersauce

Für 2 Portionen
250 g Pfirsiche (Konserve ohne Zucker)
4 EL Pfirsichsaft (ohne Zucker)
250 g Erdbeeren (Tiefkühlware)
2 TL Erdbeerkonfitüre
2 TL Kokosraspeln

Zubereitung
Pfirsiche auf 2 Schälchen verteilen. Pfirsichsaft mit aufgetauten Erdbeeren und Erdbeerkonfitüre im Mixer pürieren. Die Sauce über die Pfirsiche verteilen.
Das Dessert mit Kokosraspeln bestreut servieren.

Nährwerte pro Portion: 130 kcal/541 kJ; 2,1 g Eiweiß; 1,8 g Fett; 26,1 g Kohlenhydrate; 2,2 BE
Austausch pro Portion: 2 Obst; 30 kcal »auf Wunsch«

Orangen-Wein-Gelee

Für 2 Portionen
⅛ l Weißwein
abgeriebene Schale 1 ungespritzten Zitrone
2½ TL Zucker
3 Blatt weiße Gelatine
125 ml ungesüßter Orangensaft
2 EL Zitronensaft

Zubereitung
Wein mit Zitronenschale und Zucker erwärmen. Die vorher eingeweichte Gelatine darin auflösen. Orangensaft und Zitronensaft hinzufügen.
Das Dessert im Kühlschrank fest werden lassen.

Nährwerte pro Portion: 104 kcal/435 kJ; 1,7 g Eiweiß; 0,1 g Fett; 13,1 g Kohlenhydrate; 1,1 BE
Austausch pro Portion: 80 kcal »auf Wunsch«; ½ Obst

Mandarinen mit Orangengelee

Für 4 Portionen
200 g Mandarinen (Konserve ohne Zucker)
4 EL Mandarinensaft (ohne Zucker)
250 ml ungesüßter Orangensaft
250 ml Weißwein
Süßstoff
6 Blatt Gelatine
70 g Schlagsahne
4 Minzblätter

Zubereitung
Mandarinen auf 4 Gläser verteilen (4 Spalten für die Garnitur zurücklassen). Mandarinensaft, Orangensaft und Wein erwärmen, nach Geschmack süßen. Die vorher eingeweichte Gelatine darin lösen. Über die Mandarinen gießen. Im Kühlschrank fest werden lassen.
Das Dessert mit steifgeschlagener Sahne, Minzblättern und den restlichen Mandarinen verzieren.

Nährwerte pro Portion: 159 kcal/664 kJ; 2,5 g Eiweiß; 5,8 g Fett; 12,8 g Kohlenhydrate; 1,1 BE
Austausch pro Portion: 1 Obst; 50 kcal »auf Wunsch«

Süßes Brötchen

Für 1 Portion
60 g gekühlter Frischteig für Brötchen (Fertigprodukt)
1 TL Brombeergelee
1 TL Kokosraspeln

Zubereitung
Teig zu einem Brötchen formen.
Kreuzweise einschneiden. In die Mitte eine Vertiefung drükken. Gelee in die Vertiefung geben. Mit Kokosraspeln bestreuen.
Das Brötchen im Ofen bei 200 °C etwa 15 Minuten backen.

Nährwerte pro Portion: 176 kcal/736 kJ; 5,4 g Eiweiß; 1,1 g Fett; 33,9 g Kohlenhydrate; 2,8 BE
Austausch pro Portion: 2 Getreideprodukte; 30 kcal »auf Wunsch«

Einfrieren & später genießen

Heute steht in jedem zweiten Haushalt ein Gefriergerät. Denn: Geld und Zeit sparen, günstige Sonderangebote ausnutzen und auch zu Weihnachten Spargel und Erdbeeren essen, das ist zu vernünftigen Preisen nur möglich, wenn man die Tiefkühltechnik richtig nutzt. Besonders zeitsparend ist es, wenn man neben Rohprodukten wie Fleisch, Gemüse und Obst fertig zubereitete Gerichte einfriert. Hervorragend eignen sich dazu Schmorbraten, Gulasch oder Rouladen, ebenso Eintöpfe und Suppen. Es lohnt sich also, gleich große Mengen zu kochen und entsprechende Rationen für später einzufrieren. Verfeinerungszutaten wie Sahne, Zitronensaft, Eier, Wein oder Kräuter sollten erst nach dem Auftauen zugegeben werden.

Neben würzigen Gerichten können auch süße Aufläufe, Quarkspeisen und andere Desserts gut eingefroren werden. Lassen Sie sich von den Rezepten dieses Kapitels animieren. Sie werden eine Menge Anregungen finden und z. B. Überraschungsbesuche gut überstehen mit schnell aufgetauten Leckereien aus der Truhe. Ganz besonders gut lassen sich Brot und Backwaren einfrieren. Versuchen Sie es mal mit Kümmelbrot und -brötchen, Rosinentaler und feinen Aprikosentaschen.

Wichtigstes Gebot für alle tiefgefrorenen Speisen und Produkte: Alle aufgetauten Lebensmittel dürfen nicht mehr eingefroren und sollten sobald als möglich verbraucht werden!

Pikantes aus dem Gefrierschrank

Gulaschsuppe mit Pfefferrahm

Für 2 Portionen
300 g Rindergulasch (Rohgewicht)
2 TL Öl
200 g Zwiebeln, geschält
Paprikapulver
Salz, Pfeffer
1 EL Tomatenmark
1 Lorbeerblatt
70 g Schlagsahne
1 EL grüne frische Pfefferkörner

Zubereitung
Fleischwürfel in heißem Öl scharf anbraten. Zwiebeln würfeln und mitdünsten. 500 ml Wasser angießen, kräftig mit Paprika, Salz und Pfeffer würzen. Dann Tomatenmark und Lorbeerblatt zufügen. Das Gulasch etwa 60 Minuten schmoren lassen.
Die Schlagsahne steif schlagen, Pfefferkörner unterheben. Die Gulaschsuppe mit je einem Klacks Pfeffersahne servieren.
Gulaschsuppe läßt sich prima einfrieren. Es lohnt sich also, gleich die doppelte Menge zu bereiten.

Nährwerte pro Portion: 406 kcal/1696 kJ; 34,2 g Eiweiß; 22,5 g Fett; 11,4 g Kohlenhydrate; 1,0 BE
Austausch pro Portion: 4 Eiweiß; 1 Fett; 1 Gemüse; 105 kcal »auf Wunsch«

Gulasch mit Früchten (Foto Seite 114)

Für 4 Portionen
80 g getrocknete Aprikosen
600 g mageres Rinder- und Schweinegulasch (Rohgewicht)
4 TL Öl
300 g Zwiebeln, geschält
250 g Äpfel, geschält und entkernt
4 TL Instantbrühe
Salz, Pfeffer
Petersilie zum Garnieren

Zubereitung
Aprikosen in 3/8 Liter Wasser einweichen. Fleisch gleichmäßig würfeln und in heißem Öl von allen Seiten kräftig anbraten, dann die gewürfelten Zwiebeln mit anbraten. Aprikosen würfeln und mit dem Einweichwasser zum Gulasch geben. Alles etwa 45 Minuten schmoren, dabei gelegentlich umrühren. Anschließend gewürfelte Äpfel und Instantbrühe zufügen und weitere 30 Minuten schmoren lassen. Das Gulasch abschmekken und mit Petersilie bestreut servieren oder einen Teil davon einfrieren.

Nährwerte pro Portion: 417 kcal/1743 kJ; 33,2 g Eiweiß; 16,2 g Fett; 29,2 g Kohlenhydrate; 2,4 BE
Austausch pro Portion: 1½ Obst; 4 Eiweiß; 1 Fett; ¾ Gemüse; 10 kcal »auf Wunsch«

Wildgulasch

Für 3 Portionen
450 g Wildgulasch
3 TL Margarine
100 g Zwiebeln, geschält
100 g Pfifferlinge (Konserve)
100 g Paprikaschoten, geputzt
2 Wacholderbeeren
1 TL Instantbrühe
125 ml Rotwein
Salz, Pfeffer
3 EL Crème fraîche
Petersilie zum Garnieren

Zubereitung
Gulaschwürfel in heißer Margarine anbraten. Gewürfelte Zwiebeln und abgetropfte Pilze hinzufügen und kurz mitschmoren. In Streifen geschnittene Paprikaschoten, Wacholderbeeren und Brühe zufügen. Alles mit 125 ml heißem Wasser und Rotwein ablöschen. Das Gulasch mit Salz und Pfeffer würzen und 60 Minuten schmoren lassen.
Fertiges Gulasch nochmals abschmecken und nach Belieben einfrieren. Nach dem Auftauen mit Crème fraîche verfeinern und mit feingehackter Petersilie bestreut servieren.

Nährwerte pro Portion: 336 kcal/1406 kJ; 33 g Eiweiß; 14,3 g Fett; 7,2 g Kohlenhydrate; 0,6 BE
Austausch pro Portion: 4 Eiweiß; 1 Fett; 1 Gemüse; 103 kcal »auf Wunsch«

Curry-Gehacktes

Für 2 Portionen
300 g Tatar (Beefsteakhack/Rohgewicht)
100 g Zwiebeln, geschält
125 g Apfel, geschält und entkernt
2 TL Öl
1 TL Instantbrühe
2 EL Ananassaft (ohne Zucker)
Curry, Ingwerpulver
Salz, Pfeffer
2 TL Butter
100 g Ananas in Würfeln (Konserve ohne Zucker)

Zubereitung
Tatar, gewürfelte Zwiebel und zerkleinerten Apfel in heißem Öl anbräunen. 125 ml Wasser mit Brühe und Ananassaft verrühren und unter das Tatar mischen. Alles etwa 10 Minuten durchschmoren und kräftig mit Curry, Ingwer, Salz und Pfeffer würzen.
Das abgekühlte Curry-Gehackte in eine Gefrierdose füllen und einfrieren.
Bei Bedarf das Gehackte auftauen und langsam erhitzen. Butter schmelzen, darin die Ananaswürfel anbräunen. Auf dem angerichteten Hackfleisch verteilen und sofort servieren.

Nährwerte pro Portion: 364 kcal/1521 kJ; 30,5 g Eiweiß; 16,4 g Fett; 19,4 g Kohlenhydráte; 1,6 BE
Austausch pro Portion: ½ Gemüse; 1 Obst; 4 Eiweiß; 2 Fett; 5 kcal »auf Wunsch«

Amerikanisches Hacksteak

Für 1 Portion
120 g Rinderhack (Rohgewicht)
25 g Zwiebel, geschält
70 g Maiskörner (Konserve)
30 g Käse (45% Fett i. Tr.)
Salz, Pfeffer
Paprikapulver
4 TL Ketchup zum Servieren

Zubereitung
Rinderhack mit gewürfelter Zwiebel, abgetropftem Mais und gewürfeltem Käse vermengen. Fleischteig kräftig würzen und zu 2 Hacksteaks formen. Steaks unter dem vorgeheizten Grill auf beiden Seiten je 3 Minuten grillen. Mit Ketchup bestrichen servieren.
Sowohl der Fleischteig als auch die gegrillten Steaks lassen sich einfrieren und bei Bedarf schnell zubereiten.

Nährwerte pro Portion: 571 kcal/2385 kJ; 40,2 g Eiweiß; 16,2 g Fett; 58,1 g Kohlenhydrate; 4,8 BE
Austausch pro Portion: 4 Eiweiß; ¼ Gemüse; 1 stärkehaltiges Gemüse; 20 kcal »auf Wunsch«

Hammelfleisch mit Paprikaschoten

Für 2 Portionen
240 g mageres Hammelfleisch (Rohgewicht)
2 TL Margarine
200 g Zwiebeln, geschält
1 Knoblauchzehe
300 g grüne Paprikaschoten, geputzt
100 g rote Paprikaschoten, geputzt
100 g Tomaten
1 TL Instantbrühe
Salz, Pfeffer
Paprikapulver

Zubereitung
Hammelfleisch würfeln und in heißer Margarine rundum anbraten. Gewürfelte Zwiebeln und zerquetschten Knoblauch zufügen, glasig werden lassen, dann die gewürfelten Paprikaschoten und Tomaten zugeben. Kurz durchrühren und mit ⅛ Liter Wasser ablöschen. Das Gericht etwa 60 Minuten garen, dann mit Instantbrühe und Gewürzen pikant abschmecken.
Das Gericht ist gut zum Einfrieren geeignet.
Es lohnt sich also, gleich die doppelte Menge zuzubereiten.

Nährwerte pro Portion: 392 kcal/1639 kJ; 26,5 g Eiweiß; 20,2 g Fett; 20,7 g Kohlenhydrate; 1,7 BE
Austausch pro Portion: 3 Eiweiß; 1 Fett; 3½ Gemüse; 5 kcal »auf Wunsch«

Kümmelbrot und Mohnbrötchen (Rezepte Seite 118/119)
Seite 114: *Gulasch mit Früchten (Rezept Seite 110)*

Curryleber in Weinsauce (Foto linke Seite)

Für 1 Portion
100 g grüne Paprikaschoten, geputzt
50 g Zwiebel, geschält
1 TL Öl
150 g Hühnerleber (Rohgewicht)
¼ TL Currypulver
Knoblauchpulver nach Geschmack
60 ml trockener Weißwein
1 TL Instantbrühe
1 TL Speisestärke
Salz, Pfeffer
Petersilie zum Garnieren

Zubereitung
Paprikaschoten in Streifen schneiden, Zwiebel würfeln. Beides in heißem Öl andünsten.
Gesäuberte, halbierte Leber zufügen und etwa 5 Minuten bei milder Hitze mitbraten. Dann mit Curry und Knoblauchpulver würzen und mit Wein ablöschen. Instantbrühe und die mit wenig Wasser angerührte Speisestärke zufügen. Alles nochmal kurz durchschmoren, dann mit Salz und Pfeffer abschmecken. Mit Petersilie bestreut servieren.
Wenn Sie das Gericht einfrieren, die Petersilie erst nach dem Auftauen dazugeben.

Nährwerte pro Portion: 387 kcal/1617 kJ; 36,2 g Eiweiß; 12,9 g Fett; 15,7 g Kohlenhydrate; 1,3 BE
Austausch pro Portion: 1½ Gemüse; 1 Fett; 4 Eiweiß; 70 kcal »auf Wunsch«

Schweinelebergulasch

Für 2 Portionen
300 g Schweineleber (Rohgewicht)
2 TL Öl
50 g Zwiebel, geschält
200 g Möhren, geputzt
125 ml Rotwein
Salz, Pfeffer
35 g Schlagsahne
Schnittlauch zum Garnieren

Zubereitung
Gesäuberte Leber in Streifen schneiden. Dann in heißem Öl scharf anbraten. Gewürfelte Zwiebel und in feine Stifte geschnittene Möhren mit andünsten. Rotwein angießen und etwas einkochen lassen. Das Gulasch mit Salz und Pfeffer würzen und nach Belieben einfrieren.
Bei Gebrauch die Sahne unter das aufgetaute, erhitzte Gulasch rühren und mit feingeschnittenem Schnittlauch bestreut servieren.

Nährwerte pro Portion: 416 kcal/1738 kJ; 32 g Eiweiß; 19,4 g Fett; 13,5 g Kohlenhydrate; 1,1 BE
Austausch pro Portion: 4 Eiweiß; 1 Fett; 1¼ Gemüse; 100 kcal »auf Wunsch«

Curryleber in Weinsauce (Rezept diese Seite)
Seite 115: *Scholle Argentina (Rezept Seite 100)*

Hähnchenbrüste mit Früchten

Für 2 Portionen
40 g getrocknete Pflaumen
125 ml trockener Weißwein
300 g Hähnchenbrüste (Rohgewicht)
2 TL Margarine
Salz, Pfeffer
200 g rote Paprikaschoten, geputzt
100 g Birne, geschält und entkernt
1 TL Instantbrühe
35 g Schlagsahne

Zubereitung
Pflaumen über Nacht in Wein einweichen. Am nächsten Tag die Früchte würfeln, den Wein aufbewahren.
Hähnchenbrüste in heißer Margarine anbraten, mit Salz und Pfeffer würzen. Feingewürfelte Paprikaschoten, Birnen und die Pflaumen zufügen. Alles kurz durchschmoren, dann den Wein angießen und die Brühe einrühren. Das Gericht zugedeckt etwa 25 Minuten schmoren lassen.
Die Hähnchenbrüste entweder abgekühlt einfrieren oder – sofern Sie sie gleich reichen – die Sauce mit Schlagsahne verfeinern.

Nährwerte pro Portion: 420 kcal/1756 kJ; 37,1 g Eiweiß; 11,6 g Fett; 23,7 g Kohlenhydrate; 2 BE
Austausch pro Portion: 1½ Obst; 4 Eiweiß; 1 Fett; 1 Gemüse; 105 kcal »auf Wunsch«

Kümmelbrot (Foto Seite 113)

Für 20 Portionen
400 g Roggenmehl (Typ 1150)
200 g Weizenmehl (Typ 405)
1 Päckchen Trockenhefe
15 g Salz
500 ml Buttermilch (1% Fett)
1 EL Zitronensaft
½ TL Kümmel, gemahlen
1 TL ganze Kümmelkörner

Zubereitung
Beide Mehltypen mit Trockenhefe und Salz mischen. Leicht erwärmte Buttermilch und die Gewürze untermischen. Teig so lange kneten, bis er sich vom Schüsselrand löst und Blasen wirft. Dann zum Ballen formen und an einem warmen Ort 30–45 Minuten zugedeckt gehen lassen, bis sich das Teigvolumen verdoppelt hat. Teig nochmals kurz durchkneten, dann zu einem runden Brotlaib formen und auf ein mit Backtrennpapier ausgelegtes Blech legen. Wieder 15–20 Minuten gehen lassen.
Laib mit einem Messer an der Oberfläche ein paar mal schräg einschneiden, in den vorgeheizten Ofen schieben und 10 Minuten bei 240 °C, dann etwa 50 Minuten bei 190 °C backen. Damit die Kruste nicht zu hart wird, eine Schale Wasser auf den Backofenboden stellen.
Das abgekühlte Brot in Scheiben schneiden und einfrieren.

Nährwerte pro Portion: 119 kcal/498 kJ; 3,8 g Eiweiß; 0,2 g Fett; 23,5 g Kohlenhydrate; 2,0 BE
Austausch pro Portion: 1½ Getreideerzeugnisse; ¹⁄₁₀ Milch; 2,5 kcal »auf Wunsch«

Mohnbrötchen (Foto Seite 113)

Für 25 Portionen
500 g Mehl
15 g frische Hefe
¾ TL Zucker
1 gute Prise Salz
250 ml Milch (1,5% Fett)
2,5 TL Mohn

Zubereitung
Mehl in eine vorgewärmte Schüssel geben. In die Mitte eine Mulde machen, Hefe hineinbröckeln, mit Zucker bestreuen und mit etwas angewärmter Milch anrühren. Schüssel zugedeckt an einem warmen Ort stellen und den Vorteig 15 Minuten gehen lassen. Vorteig mit Mehl, restlicher Milch und Salz vermischen und den Teig kräftig durchkneten, bis er sich vom Schüsselrand löst und Blasen wirft. Zum Ballen formen und ca. 30 Minuten gehen lassen, bis sich das Volumen verdoppelt hat. Teig nochmals kurz durchkneten, zur Rolle formen und in 25 Stücke teilen. Diese zu Brötchen formen und auf einem mit Backtrennpapier ausgelegtem Blech nochmals warmgestellt 15 Minuten gehen lassen. Dann mit Mohn bestreuen und im vorgeheizten Ofen bei 175 °C etwa 20 Minuten backen.
Nach dem Auskühlen einzeln verpackt einfrieren.

Nährwerte pro Portion: 82 kcal/342 kJ; 2,6 g Eiweiß; 0,4 g Fett; 15,5 g Kohlenhydrate; 1,3 BE
Austausch pro Portion: 1 Getreideerzeugnis; 3 kcal »auf Wunsch«; 1/20 Milch

Kümmelbrötchen

Für 10 Portionen
450 g Mehl
150 g Haferflocken
2 TL Trockenhefe
½ TL Salz
1 Prise Zucker
¼ Milch (0,3% Fett)
2 TL Kondensmilch (4% Fett)
3 TL Kümmel

Zubereitung
Mehl, Haferflocken, Hefe, Salz und Zucker mischen. Milch und 50 ml Wasser leicht erwärmen, nach und nach untermischen. Alles gut verkneten und den Teig kräftig schlagen, bis er sich vom Schüsselrand löst und Blasen wirft. Teig zum Ballen formen und zugedeckt ca. 30 Minuten an einem warmen Ort gehen lassen, bis sich das Volumen verdoppelt hat.
Nochmals kurz durchkneten, dann zu einer Rolle formen und in 10 Stücke schneiden. Diese zu Brötchen formen, auf ein mit Backtrennpapier ausgelegtes Blech legen und nochmals ca. 30–45 Minuten gehen lassen. Brötchen kreuzweise mit einem Messer einschneiden, mit Kondensmilch bepinseln und mit Kümmel bestreuen. Im vorgeheizten Ofen bei 225 °C etwa 30 Minuten backen.
Nach dem Auskühlen einzeln verpackt einfrieren.

Nährwerte pro Portion: 243 kcal/1017 kJ; 7,9 g Eiweiß; 1,6 g Fett; 44,6 g Kohlenhydrate; 3,7 BE
Austausch pro Portion: 10 kcal »auf Wunsch«; 3 Getreideerzeugnisse; 1/10 Milch

Kräuterbrot

Für 8 Portionen
240 g Meterbrot
16 TL Halbfettmargarine
gemischte Kräuter, gehackt
Knoblauchsalz
Pfeffer

Zubereitung
Brot längs halbieren. Die restlichen Zutaten verrühren und abschmecken. Eine Brothälfte damit bestreichen. Die andere Brothälfte darauflegen. In Aluminiumfolie einwickeln und einfrieren.
Bei Gebrauch das Brot in der Folie im vorgeheizten Ofen bei 200 °C etwa 30 Minuten aufbacken, bis es ganz heiß und die Kräutermargarine geschmolzen ist.

Nährwerte pro Portion: 115 kcal/481 kJ; 2,5 g Eiweiß; 4,3 g Fett; 15,1 g Kohlenhydrate; 1,3 BE
Austausch pro Portion: 1 Brot; 1 Fett

Gebackenes Käsebrot

Für 8 Portionen
240 g Meterbrot
12 TL geriebener Käse (45% Fett i. Tr.)
16 TL Halbfettmargarine
Paprika
½ TL Senf

Zubereitung
Meterbrot längs halbieren. Die restlichen Zutaten verrühren und abschmecken. Die Brothälften mit der Käsemischung bestreichen, aufeinander klappen, in Aluminiumfolie einwickeln und einfrieren.
Bei Gebrauch in der Folie im vorgeheizten Ofen bei 200 °C etwa 20 Minuten aufbacken, bis das Brot heiß und die Käsemischung geschmolzen ist.

Nährwerte pro Portion: 144 kcal/602 kJ; 4,4 g Eiweiß; 6,4 g Fett; 15,4 g Kohlenhydrate; 1,3 BE
Austausch pro Portion: 1 Brot; 15 kcal »auf Wunsch«; 1 Fett

Süße Schlemmereien auf Vorrat

Aprikosen-Kaltschale

Für 2 Portionen
200 g Aprikosen (Konserve ohne Zucker)
4 EL Aprikosensaft (ohne Zucker)
125 ml Weißwein
2 TL Zucker
20 g Rosinen

Zubereitung
Aprikosen, Aprikosensaft, Weißwein und Zucker kurz aufkochen, dann alles im Mixer pürieren. Rosinen unterziehen. Das Dessert abkühlen lassen und eiskalt servieren. Sehr gut zum Einfrieren geeignet.

Nährwerte pro Portion: 145 kcal/604 kJ; 1,2 g Eiweiß; 0,2 g Fett; 23,8 g Kohlenhydrate; 2 BE
Austausch pro Portion: 1½ Obst; 70 kcal »auf Wunsch«

Buttermilcheis

Für 2 Portionen
¼ l Buttermilch (max. 1% Fett)
35 g Schlagsahne
½ TL Vanilleextrakt
60 g Banane, geschält
2 TL Zucker

Zubereitung
Alle Zutaten im Mixer pürieren. Ins Tiefkühlfach stellen, bis das Eis halb gefroren ist. Nochmals im Mixer durchschlagen und sofort in vorgekühlten Schälchen servieren.

Nährwerte pro Portion: 150 kcal/626 kJ; 5,1 g Eiweiß; 6,2 g Fett; 17,6 g Kohlenhydrate; 1,5 BE
Austausch pro Portion: ½ Milch; ½ Obst; 70 kcal »auf Wunsch«

Rosinentaler (Foto Seite 154)

Für 5 Portionen
100 g Mehl
½ TL Backpulver
50 g Rosinen, gehackt
1 Prise Salz
Süßstoff
5 TL Puderzucker
1 TL Zitronensaft
7½ TL Margarine
Außerdem:
2½ TL Johannisbeergelee
2½ TL Kokosraspeln

Zubereitung
Mehl mit Backpulver mischen, dann mit allen anderen Zutaten schnell verkneten. Teig ca. 30 Minuten im Kühlschrank ruhen lassen, anschließend dünn auf einer Fläche ausrollen und 15 runde Taler mit einem Glas ausstechen. Taler auf ein mit Backtrennpapier ausgelegtes Backblech legen und im vorgeheizten Ofen bei 200°C 15 Minuten backen.
Inzwischen Johannisbeergelee schmelzen. Die etwas ausgekühlten Taler damit bestreichen und sofort mit Kokosrapseln bestreuen.
Einzeln verpackt einfrieren.

Nährwerte pro Portion: 194 kcal/810 kJ; 2,5 g Eiweiß; 7,2 g Fett; 28,1 g Kohlenhydrate; 2,3 BE
Austausch pro Portion: ½ Obst; 1 Getreideerzeugnis; 1½ Fett; 35 kcal »auf Wunsch«

Aprikosentaschen (Foto Seite 154)

Für 5 Portionen
200 g Weißenmehl
1 TL Trockenhefe
100 ml Milch (1,5% Fett), lauwarm
1½ TL Zucker
10 TL Margarine
Füllung:
170 g Aprikosen, entsteint
100 g Magerquark
Zimt und Süßstoff nach Geschmack
2 TL Kondensmilch (4% Fett) zum Bepinseln

Zubereitung
Für den Teig Mehl mit Trockenhefe mischen, dann mit den restlichen Teigzutaten zu einem glatten Hefeteig verkneten. Teig an einem warmen Ort 30–40 Minuten gehenlassen, bis sich das Volumen verdoppelt hat.
Inzwischen für die Füllung Aprikosen achteln und mit Quark, Zimt und Süßstoff vermengen.
Gegangenen Hefeteig ausrollen und in 5 gleich große Quadrate (10 × 10 cm) schneiden. Füllung in die Mitte häufen, die Teigecken hochklappen und oben zusammendrücken.
Taschen auf ein mit Backtrennpapier ausgelegtes Blech legen und nochmals 15 Minuten gehen lassen. Dann mit Kondensmilch bepinseln und im vorgeheizten Ofen bei 225 °C 20–25 Minuten backen.
Einzeln verpackt einfrieren.

Nährwerte pro Portion: 275 kcal/1148 kJ; 8,2 g Eiweiß; 9 g Fett; 37,1 g Kohlenhydrate; 3,1 BE
Austausch pro Portion: 2 Fett; 2 Getreideerzeugnisse; 3/10 Milch; 2/5 Obst; 10 kcal »auf Wunsch«

Für liebe Gäste & fröhliche Feste

Was gibt es Schöneres, als liebe Freunde zum Abendessen zu bitten oder ein Fest wie Geburtstag, eine kleine Familienfeier oder einfach eine Fete zu arrangieren. Nur darf das nicht zu Lasten der Hausfrau gehen. Im Vordergrund sollte die gemeinsame Unterhaltung stehen und dann erst die Bewirtung, was nicht heißt, daß Sie Ihre Gäste darben lassen sollen. Planen Sie also mit ein bißchen Umsicht und vermeiden Sie vor allem, daß Sie unter Zeitdruck geraten und müde und abgehetzt sich zu Ihren Gästen setzen. Vorbereitung ist wichtig: Reichen Sie eine raffiniert zusammengestellte Vorspeise, z. B. das Forellenfilet mit geeister Melone von Seite 127 oder die Chinesische Gemüsesuppe mit Wachteleiern von Seite 126. Auch Desserts lassen sich vorbereiten, gleich ob es sich um Erdbeeren mit Crème fraîche (Seite 147) oder eine andere Süßspeise aus diesem Kapitel handelt. Beim Eintreffen der Gäste haben Sie dann nur noch für die Fertigstellung des Hauptgerichtes zu sorgen.
Bei der Zusammenstellung eines gelungenen Menüs sollten Sie folgende kleine Regel beachten: Vorweg was Leichtes, z. B. einen frischen Salat oder einen leichten Cocktail mit Meeresfrüchten, anschließend ein Fisch- oder Fleischgericht mit einer Gemüsebeilage und zum Schluß ein leichtes, fruchtiges Dessert oder z. B. einen Capuccino (siehe Seite 151). Denken Sie also daran, Ihre Gäste zwar zu verwöhnen, jedoch nicht zu überladen, damit Sie ohne schlechtes Gewissen und mit Elan Ihr Haus verlassen.

Suppen und Vorspeisen zum Auftakt

Broccoli-Creme-Suppe

Für 1 Portion
200 g Broccoli, gegart
250 ml Brühe (aus einem kleinen Brühwürfel)
100 g Pfifferlinge (Konserve)
2 Eier, hartgekocht
Salz, Pfeffer
Muskat

Zubereitung
Broccoli im Mixer oder mit dem Schneidestab des Handrührgerätes pürieren. Püree in einen Topf geben, Brühe angießen und erhitzen. Abgetropfte, zerkleinerte Pfifferlinge zufügen, dann die kleingehackten Eier. Die Suppe würzen und sofort servieren.

Nährwerte pro Portion: 300 kcal/1255 kJ; 23,9 g Eiweiß; 14,3 g Fett; 15,1 g Kohlenhydrate; 1,3 BE
Austausch pro Portion: 3 Gemüse; 10 kcal »auf Wunsch«; 2 Eiweiß

Bouillon mit Einlage

Für 2 Portionen
2 kleine Brühwürfel
1 Paket Suppengrün (Tiefkühlware)
70 g Maisgemüse (Konserve)
100 g Erbsen (Tiefkühlware)
Sojasauce
50 ml Sherry
Petersilie

Zubereitung
Brühwürfel in 400 ml Wasser auflösen. Suppengrün, abgetropften Mais und Erbsen darin erwärmen. Suppe mit Sojasauce und Sherry abschmecken und mit gehackter Petersilie bestreut servieren.

Nährwerte pro Portion: 144 kcal/603 kJ; 5,7 g Eiweiß; 1,1 g Fett; 14,1 g Kohlenhydrate; 1,2 BE
Austausch pro Portion: 10 g Gemüse; 1 stärkehaltiges Gemüse; 60 kcal »auf Wunsch«

Tomatensuppe mit Sherry

Für 2 Portionen
50 g Zwiebel, geschält
2 TL Margarine
200 g Möhren
2 TL Mehl
250 ml Tomatensaft
1 TL Instantbrühe
25 ml Sherry
Pfeffer, Salz
125 ml Milch (0,3% Fett)

Zubereitung
Gewürfelte Zwiebel in Margarine glasig dünsten. Möhren in dünne Scheiben schneiden. Kurz mitdünsten. Mehl hinzufügen und verrühren. Mit Tomatensaft ablöschen. Brühe einrühren. Alles etwa 15 Minuten kochen lassen.
Suppe anschließend mit Sherry, Gewürzen und Milch verfeinern, nochmals kurz erhitzen und sofort servieren.

Nährwerte pro Portion: 185 kcal/775 kJ; 5,6 g Eiweiß; 4,6 g Fett; 23,3 g Kohlenhydrate; 1,9 BE
Austausch pro Portion: 1¼ Gemüse; 1 Fett; 40 kcal »auf Wunsch«; ½ Obst; ¼ Milch

Geflügel-Käse-Suppe

Für 2 Portionen
2 TL Margarine
100 g Zwiebeln, geschält
50 g Bleichsellerie, geputzt
150 g Möhren, geputzt
2 TL Mehl
2 TL Instant-Hühnerbrühe
200 g Spargelabschnitte (Konserve)
125 ml Milch (0,3% Fett)
60 g Chesterkäse (45% Fett i. Tr.)
120 g Hähnchenbrust, gekocht
60 g Suppennudeln, gegart
1 TL Worcestersauce
Salz, weißer Pfeffer

Zubereitung
Margarine schmelzen. Gewürfelte Zwiebeln darin glasig dünsten. Zerkleinerten Sellerie und Möhren kurz mitdünsten. Mit Mehl bestäuben. 250 ml Wasser angießen, Brühe einrühren und alles 15 Minuten garen. Abgetropfte Spargelabschnitte, Milch, den geriebenen Käse, gewürfeltes Hähnchenfleisch und Suppennudeln hinzufügen. Alles nochmals aufkochen lassen und die Suppe mit Worcestersauce, Salz und Pfeffer abschmecken.

Nährwerte pro Portion: 415 kcal/1734 kJ; 35,7 g Eiweiß; 15,1 g Fett; 29,2 g Kohlenhydrate; 2,4 BE
Austausch pro Portion: 1 Fett; 2½ Gemüse; ¼ Milch; 3 Eiweiß; ½ Getreideerzeugnis; 20 kcal »auf Wunsch«

Zucchini-Knoblauch-Suppe

Für 2 Portionen
100 g Zwiebeln, geschält
3 Knoblauchzehen
2 TL Öl
200 g grüne Paprikaschote, geputzt
500 g Zucchini, geputzt
125 ml Weißwein
2 kleine Brühwürfel
Salz, Pfeffer
3 EL saure Sahne
Dill

Zubereitung
Zwiebeln würfeln. Mit zerdrücktem Knoblauch in Öl glasig dünsten. Paprikaschoten würfeln, Zucchinis in Scheiben schneiden. Zu den Zwiebeln geben. Mit Wein und ½ Liter Wasser ablöschen. Brühwürfel einrühren. Alles etwa 10 Minuten garen. Suppe mit Salz und Pfeffer abschmecken. Saure Sahne und gehackten Dill unterziehen. Dann sofort servieren.

Nährwerte pro Portion: 225 kcal/940 kJ; 5,4 g Eiweiß; 8,8 g Fett; 14,0 g Kohlenhydrate; 1,2 BE
Austausch pro Portion: 4 Gemüse; 1 Fett; 110 kcal »auf Wunsch«

Pikante Bananenmilch

Für 1 Portion
60 g Banane, geschält
125 ml Milch (0,3% Fett)
1 TL Curry
Salz, Pfeffer
Schnittlauch

Zubereitung
Banane, Milch und Gewürze im Mixer pürieren. Bananenmilch mit feingeschnittenem Schnittlauch bestreut servieren.

Nährwerte pro Portion: 103 kcal/432 kJ; 5,1 g Eiweiß; 0,2 g Fett; 20,0 g Kohlenhydrate; 1,7 BE
Austausch pro Portion: 1 Obst; ½ Milch

Chinesische Gemüsesuppe mit Wachteleiern (Foto Seite 134)

Für 4 Portionen
4 kleine Brühwürfel
100 g grüne Paprikaschoten, geputzt
100 g rote Paprikaschoten, geputzt
100 g Chinakohl, geputzt
100 g Bambussprossen (Konserve)
Pfeffer, Salz
4 EL Sojasauce
Pfeffersauce nach Geschmack
8 Wachteleier

Zubereitung
Brühwürfel in ca. 500 ml Wasser auflösen.
Paprikaschoten in Streifen schneiden, Chinakohl und abgetropfte Bambussprossen zerkleinern. Alle Gemüse in der kochenden Brühe knapp garen. Mit den Gewürzen scharf abschmecken.
Suppe auf vorgewärmte Teller verteilen und mit den geviertelten Wachteleiern garniert servieren.

Nährwerte pro Portion: 133 kcal/557 kJ; 10,5 g Eiweiß; 7,2 g Fett; 5,4 g Kohlenhydrate; 0,4 BE
Austausch pro Portion: 1 Gemüse; 1 Eiweiß; 10 kcal »auf Wunsch«

Avocado mit Käse-Schinken-Creme

Für 2 Portionen
½ Avocado, geschält und entkernt
1 TL Zitronensaft
1 EL Mayonnaise (50% Fett)
200 g Magerquark
30 g Schmelzkäse (45% Fett i. Tr.)
30 g magerer gekochter Schinken
Salz, Pfeffer

Zubereitung
Avocado in Scheiben schneiden. Mit Zitronensaft beträufeln.
Mayonnaise, Magerquark, Schmelzkäse und feingewürfelten Schinken verrühren. Pikant abschmecken.
Creme auf 2 Schälchen verteilen. Darauf die Avocadoscheiben anrichten.

Nährwerte pro Portion: 292 kcal/1221 kJ; 19,7 g Eiweiß; 19,2 g Fett; 6,8 g Kohlenhydrate; 0,6 BE
Austausch pro Portion: 100 kcal »auf Wunsch«; 1 Fett; 1 Milch; 1 Eiweiß

Advokatentoast

Für 1 Portion
30 g Toastbrot
¼ Avocado, geschält und entkernt
Salz, Pfeffer
60 g Krabben
30 g geriebener Edamer (40% Fett i. Tr.)
Dill

Zubereitung
Toastbrot rösten. Avocado pürieren und mit Salz und Pfeffer abschmecken. Creme auf das Toastbrot streichen. Krabben darauf verteilen und mit Käse bestreuen. Toast unter dem vorgeheizten Grill goldgelb überbacken.
Mit gehacktem Dill garniert servieren.

Nährwerte pro Portion: 336 kcal/1406 kJ; 22,2 g Eiweiß; 17,9 g Fett; 17,1 g Kohlenhydrate; 1,4 BE
Austausch pro Portion: 1 Brot; 100 kcal »auf Wunsch«; 3 Eiweiß

Birnen mit Käsefüllung (Foto Seite 133)

Für 2 Portionen
2 kleine, sehr reife Birnen (200 g)
1 TL Zitronensaft
60 g Gorgonzola oder Edelpilzkäse (45% Fett i. Tr.)
1 EL Margarine
1 TL Sesamkörner
Petersilie
2 Zitronenscheiben

Zubereitung
Birnen längs halbieren. Das Kerngehäuse entfernen. Birnen mit Zitronensaft beträufeln. Käse und Margarine zu einer glatten Creme verrühren. Mit Hilfe eines Spritzbeutels die Creme auf die Birnen spritzen. Sesamkörner in einer beschichteten Pfanne goldgelb rösten. Auf die Käsemasse streuen.
Die Birnen mit Petersiliensträußchen und Zitronenscheiben garniert servieren.

Nährwerte pro Portion: 213 kcal/892 kJ; 6,8 g Eiweiß; 13,0 g Fett; 13,1 g Kohlenhyddrate; 1,1 BE
Austausch pro Portion: 1 Obst; 1 Eiweiß; 1½ Fett; 10 kcal »auf Wunsch«

Geeiste Melone mit Forellenfilets
(Foto Seite 133)

Für 4 Portionen
400 g Cantaloup-Melone (ohne Schale)
Zitronensaft
roter Pfeffer, Salz
140 g Schlagsahne
½ TL geriebener Meerrettich
180 g geräucherte Forellenfilets
Zitronenscheiben

Zubereitung
Melone in Würfel schneiden. Mit etwas Zitronensaft beträufeln und mit rotem Pfeffer und Salz bestreuen.
Schlagsahne steifschlagen, mit Meerrettich würzen. Forellenfilets auf Tellern anrichten, Melonenwürfel und Sahne daneben verteilen. Mit Zitronenscheiben garnieren.

Nährwerte pro Portion: 186 kcal/777 kJ; 10,2 g Eiweiß; 12,5 g Fett; 6,3 g Kohlenhydrate; 0,5 BE
Austausch pro Portion: ½ Obst; 100 kcal »auf Wunsch«; 1½ Eiweiß

Partyeier

Für 10 Portionen
10 Eier, hartgekocht
1 TL Senf
1 TL geriebener Meerrettich
2 TL Tomatenketchup
Salz, Pfeffer
Paprika

Zubereitung
Eier halbieren. Eigelb herausnehmen und mit den restlichen Zutaten verrühren.
Die Creme auf die Eiweißhälften häufen oder mit Hilfe einer Spritztülle dekorativ füllen.

Nährwerte pro Portion: 97 kcal/404 kJ; 7,4 g Eiweiß; 6,4 g Fett; 0,7 g Kohlenhydrate; 0,1 BE
Austausch pro Portion: 1 Eiweiß; 1 kcal »auf Wunsch«

Krabben mit Avocadocreme

Für 8 Portionen
1 Avocado, entkernt
2 EL Zitronensaft
6 EL Crème fraîche
Salz
720 g Krabben
Dill
4 Zitronenscheiben

Zubereitung
Avocado pürieren. Püree mit Zitronensaft und Crème fraîche verrühren. Mit Salz abschmecken.
Krabben auf 8 Schälchen verteilen. Die Avocadocreme darauf geben. Mit Dill und halbierten Zitronenscheiben garnieren.

Nährwerte pro Portion: 172 kcal/718 kJ; 17,4 g Eiweiß; 9,7 g Fett; 1,1 g Kohlenhydrate; 0,1 BE
Austausch pro Portion: 100 kcal »auf Wunsch«; 3 Eiweiß

Garnierter Lachs mit Meerrettichsauce

Für 2 Portionen
1 TL geriebener Meerrettich
50 g Joghurt (0,3% Fett)
Salz, Pfeffer
90 g geräucherter Lachs (in Scheiben)
2 Eisbergsalatblätter
1 kleine Zwiebel, geschält
2 entkernte schwarze Oliven
2 Radieschen
2 Zitronenscheiben
Dill

Zubereitung
Meerrettich und Joghurt verrühren, mit Salz und Pfeffer abschmecken.
Lachs in 2 Cocktailgläsern auf Salatblättern anrichten. Mit feingehackter Zwiebel bestreuen und mit in Scheiben geschnittenen Oliven belegen. Radieschen zu Röschen schneiden. Lachs mit Radieschen, Zitronenscheiben und Dill garnieren.
Die Meerrettichsauce getrennt dazu reichen.

Nährwerte pro Portion: 131 kcal/546 kJ; 10,7 g Eiweiß; 6,7 g Fett; 5,0 g Kohlenhydrate; 0,4 BE
Austausch pro Portion: ⅛ Milch; 25 g Gemüse; 1½ Eiweiß; 5 kcal »auf Wunsch«

Muschelsalat

Für 2 Portionen
180 g Muscheln (konserviert im eigenen Saft)
30 g Zwiebel, geschält
6 grüne, mit Paprika gefüllte Oliven
50 ml Sherry
2 TL Öl
Zitronensaft
Salz, Pfeffer
Knoblauchpulver

Zubereitung
Abgetropfte Muscheln mit feingehackter Zwiebel und in Scheiben geschnittenen Oliven vermengen.
Aus den restlichen Zutaten eine pikante Marinade bereiten und über den Salat geben. Gut durchziehen lassen.

Nährwerte pro Portion: 183 kcal/764 kJ; 9,2 g Eiweiß; 7,6 g Fett; 5,3 g Kohlenhydrate; 0,4 BE
Austausch pro Portion: 3 Eiweiß; 15 g Gemüse; 1 Fett; 65 kcal »auf Wunsch«

Versteckte Muscheln

Für 2 Portionen
180 g Muschelfleisch (konserviert im eigenen Saft)
2 EL Mayonnaise (50% Fett)
125 g Apfel, geschält und entkernt
2 TL geriebener Meerrettich
50 g Magerquark
3 EL saure Sahne
Salz, Pfeffer
Dillsträußchen

Zubereitung
Abgetropftes Muschelfleisch auf 2 Cocktailgläser verteilen. Mayonnaise, zerkleinerten Apfel, Meerrettich, Magerquark und Sahne im Mixer pürieren. Mit Salz und Pfeffer abschmekken. Creme auf die Muscheln füllen, mit Dill garnieren und die Vorspeise gekühlt servieren.

Nährwerte pro Portion: 249 kcal/1039 kJ; 13,5 g Eiweiß; 11,8 g Fett; 14,9 g Kohlenhydrate; 1,2 BE
Austausch pro Portion: 3 Eiweiß; 2 Fett; ½ Obst; ¼ Milch; 50 kcal »auf Wunsch«

Waldorfsalat mit Huhn

Für 1 Portion
120 g Hühnerfleisch, gegart und enthäutet
100 g eingelegter Sellerie
½ kleiner Apfel, geschält und entkernt
35 g grüne Trauben
50 g Joghurt (0,3% Fett)
1½ TL Mayonnaise (50% Fett)
½ TL Streuwürze
1 TL Sonnenblumenkerne
Salz, Pfeffer

Zubereitung
Hühnerfleisch, abgetropften Sellerie und Apfel würfeln. Mit den halbierten, entkernten Trauben in einer Schüssel mischen.
Joghurt, Mayonnaise, Streuwürze und Sonnenblumenkerne verrühren, mit Salz und Pfeffer würzen. Sauce über die Salatzutaten gießen, alles gut durchmischen und etwas ziehen lassen.
Vor dem Servieren nochmal abschmecken.

Nährwerte pro Portion: 350 kcal/1462 kJ; 40,7 g Eiweiß; 6,1 g Fett; 23,9 g Kohlenhydrate; 2,0 BE
Austausch pro Portion: 4 Eiweiß; 1 Gemüse; 1 Obst; ¼ Milch; 1 Fett; 25 kcal »auf Wunsch«

Kräuterchampignons

Für 2 Portionen
400 g Champignons (Konserve)
90 g magerer gekochter Schinken
1 kleine Zwiebel, geschält
6 EL saure Sahne
1 EL Mayonnaise (50% Fett)
2 EL gemischte Kräuter (Tiefkühlware)
Salz, Pfeffer
Knoblauchpulver

Zubereitung
Abgetropfte Champignons halbieren. Mit gewürfeltem Schinken und gehackter Zwiebel vermengen. Restliche Zutaten verrühren, abschmecken und unter die Pilz-Schinken-Mischung heben.

Nährwerte pro Portion: 299 kcal/1250 kJ; 15,9 g Eiweiß; 15,2 g Fett; 11 g Kohlenhydrate; 0,9 BE
Austausch pro Portion: 2⅛ Gemüse; 1½ Eiweiß; 100 kcal »auf Wunsch«; 1 Fett

Pilzcoupé

Für 2 Portionen
200 g frische Champignons, geputzt
100 g Pfifferlinge (Konserve)
30 g Zwiebel, geschält
2 TL Margarine
2 EL Zitronensaft
Knoblauchsalz, Pfeffer
2 Salatblätter
3 EL Crème fraîche
2 EL feingeschnittener Schnittlauch

Zubereitung
Champignons in Scheiben schneiden, Pfifferlinge abtropfen lassen, Zwiebel würfeln. Margarine schmelzen, Pilze und Zwiebelwürfel darin andünsten, mit Zitronensaft, Knoblauchsalz und Pfeffer würzen. Sobald alle Flüssigkeit verdampft ist, Pilze vom Feuer nehmen und abkühlen lassen.
2 Cocktailgläser mit gewaschenen Salatblättern auslegen. Darauf die Pilze geben. Crème fraîche darüber verteilen und Schnittlauch darüber streuen.

Nährwerte pro Portion: 158 kcal/660 kJ; 4,2 g Eiweiß; 11,8 g Fett; 8,0 g Kohlenhydrate; 0,7 BE
Austausch pro Portion: 1½ Gemüse; 1 Fett; 100 kcal »auf Wunsch«

Herzhafter Schmorapfel

Für 1 Portion
1 kleiner Apfel, geschält
Zitronensaft
30 g magerer Schweinebraten im Aufschnitt
25 g eingelegte Gewürzgurke
60 g Banane, geschält
1 kleine Zwiebel, geschält
1½ EL Crème fraîche
Salz, Pfeffer
Curry

Zubereitung
Apfel halbieren. Das Kerngehäuse entfernen. Eine Apfelhälfte in etwas Wasser mit Zitronensaft weich, aber nicht musig dünsten.
Inzwischen die andere Hälfte fein würfeln. Mit gewürfeltem Schweinebraten, gewürfelter Gewürzgurke, in Scheiben geschnittener Banane, gehackter Zwiebel und Crème fraîche vermengen, mit den Gewürzen abschmecken. Die Mischung auf der weichgedünsteten Apfelhälfte servieren.

Nährwerte pro Portion: 282 kcal/1178 kJ; 8,1 g Eiweiß; 10,9 g Fett; 36,6 g Kohlenhydrate; 3,0 BE
Austausch pro Portion: 2 Obst; 1 Eiweiß; ½ Gemüse; 100 kcal »auf Wunsch«

Spargel mit Krabben-Käse-Creme

Für 2 Portionen
400 g Spargel (Konserve)
90 g Schmelzkäse (45% Fett i. Tr.)
1 EL Sojasauce
6 EL saure Sahne
Salz
30 g Krabben
Dill

Zubereitung
Abgetropften Spargel auf eine Platte legen. Käse mit Sojasauce, saurer Sahne und Salz verrühren. Krabben hacken und unterrühren. Die Creme mit gehacktem Dill bestreuen und zum Spargel servieren.

Nährwerte pro Portion: 290 kcal/1212 kJ; 14,4 g Eiweiß; 15,9 g Fett; 9,1 g Kohlenhydrate; 0,8 BE
Austausch pro Portion: 2 Gemüse; 2 Eiweiß; 100 kcal »auf Wunsch«

Hauptgerichte à la carte

Crêpes Crevette

Für 2 Portionen
2 Eier
40 g Mehl
1 Prise Salz
120 g Krabbenfleisch
200 g Erbsen (Tiefkühlware)
2 TL Margarine
2 TL Mehl
⅛ l Milch (0,3% Fett)
1 TL Instantbrühe
Salz, Pfeffer
getrocknete Dillspitzen
3 TL geriebener Käse

Zubereitung
Eier, Mehl und Salz mit 70 ml Wasser verrühren. Teig 10 Minuten ruhen lassen.
Eine beschichtete Pfanne erhitzen und aus je ¼ des Teiges 4 goldgelbe Crêpes backen. Krabben und aufgetaute Erbsen gleichmäßig auf den Crêpes verteilen, diese aufrollen und in einer feuerfesten Auflaufform nebeneinander legen.
Margarine schmelzen, Mehl kurz anschwitzen, nach und nach die Milch unter Rühren angießen. Sauce mit Instantbrühe, Salz, Pfeffer und Dill würzen und kurz durchkochen, dann über die Crêpes gießen. Käse darüber streuen und die Crêpes im vorgeheizten Backofen bei 200 °C etwa 20 Minuten überbacken.
In der Form servieren.

Nährwerte pro Portion: 427 kcal/1785 kJ; 32,7 g Eiweiß; 14,5 g Fett; 34,7 g Kohlenhydrate; 2,9 BE
Austausch pro Portion: 3 Eiweiß; 2 Getreideerzeugnisse; 1 Fett; ¼ Milch; 30 kcal »auf Wunsch«

Forellen mit Zitronen-Sahne-Sauce

Für 2 Portionen
2 Forellen (à 210 g Rohgewicht mit Haut und Gräten)
Essig
Salz
1 TL Instantbrühe
2 EL Zitronensaft
eventuell Nestargel
6 EL saure Sahne

Zubereitung
Forellen säubern, mit Essig säuern und salzen. In reichlich Essig-Salz-Wasser bei kleiner Hitze garziehen lassen.
Inzwischen ⅛ Liter Wasser aufkochen, Instantbrühe und Zitronensaft zufügen, Flüssigkeit eventuell mit Nestargel andicken.
Sauce vom Feuer nehmen und mit Sahne verfeinern.
Gegarte Forellen auf vorgewärmten Tellern anrichten und die Sauce dazu servieren.

Nährwerte pro Portion: 340 kcal/1421 kJ; 42,9 g Eiweiß; 10,4 g Fett; 1,9 g Kohlenhydrate; 0,2 BE
Austausch pro Portion: 5 Eiweiß; 105 kcal »auf Wunsch«

Gebratenes Kabeljaufilet

Für 1 Portion
150 g Kabeljaufilet (Rohgewicht)
etwas Essig
Salz
20 g Mehl
2 TL Butter
1 EL Zitronensaft

Zubereitung
Kabeljaufilet säubern, mit Essig säuern und salzen. Dann in Mehl wenden.
Butter in einer beschichteten Pfanne schmelzen, Fischfilet bei milder Hitze auf beiden Seiten braten.
Auf einem vorgewärmten Teller anrichten und mit Zitronensaft beträufeln.

Nährwerte pro Portion: 274 kcal/1146 kJ; 28,7 g Eiweiß; 9,1 g Fett; 14,9 g Kohlenhydrate; 1,2 BE
Austausch pro Portion: 4 Eiweiß; 1 Getreideerzeugnis; 2 Fett

Kabeljaukoteletts mit Gemüse

Für 4 Portionen
4 Kabeljaukoteletts (à 180 g/ Rohgewicht mit Haut und Gräten)
200 g Champignons (Konserve)
140 g Maisgemüse (Konserve)
200 g Tomaten
140 g Schlagsahne
1 EL Tomatenmark
Salz, Pfeffer

Zubereitung
Je ein Kabeljaukotelett auf einen Bogen Aluminiumfolie geben. Darauf kleingeschnittene Champignons, abgetropften Mais und gewürfelte Tomaten verteilen. Schlagsahne mit Tomatenmark verrühren, abschmecken und auf das Gemüse geben.
Die Aluminiumfolie fest verschließen und den Fisch im vorgeheizten Ofen bei 225 °C etwa 40 Minuten backen.
In der Folie servieren.

Nährwerte pro Portion: 268 kcal/1121 kJ; 24,6 g Eiweiß; 12,3 g Fett; 11,3 g Kohlenhydrate; 0,9 BE
Austausch pro Portion: 4 Eiweiß; 1 Gemüse; ½ stärkehaltiges Gemüse; 102,5 kcal »auf Wunsch«

Geeiste Melone mit Forellenfilets und Birnen mit Käsefüllung (Rezepte Seite 127)
Seite 134: *Chinesische Gemüsesuppe mit Wachteleiern (Rezept Seite 126)*

Schellfisch provençal

Für 4 Portionen
480 g Schellfischfilet (Rohgewicht)
Zitronensaft
4 EL Mehl
¼ TL Salz
¼ TL Pfeffer
8 TL Öl
1 Knoblauchzehe, durchgequetscht
100 g Tomaten, abgezogen
50 ml Martini
frische Basilikumblättchen

Zubereitung
Fischfilet säubern, mit Zitrone säuern, dann in 2–3 cm große Stücke schneiden. Mehl mit Salz und Pfeffer mischen, Fischwürfel darin wenden. Öl erhitzen, Knoblauch kurz andünsten, dann die Fischwürfel mitbraten. Tomaten würfeln, zum Fisch geben und mitschmoren. Zum Schluß den Martini angießen und kurz mit erwärmen.
Fisch auf vorgewärmte Teller verteilen und mit Basilikum garniert servieren.

Nährwerte pro Portion: 273 kcal/1143 kJ; 23,3 g Eiweiß; 10,3 g Fett; 12,0 g Kohlenhydrate; 1,0 BE
Austausch pro Portion: 3 Eiweiß; 2 Fett; ¼ Gemüse; 55 kcal »auf Wunsch«

Gebackene Seezunge mit Pilzen

Für 2 Portionen
250 g frische Champignons, geputzt
1 Bund Petersilie, feingehackt
300 g Seezungenfilet (Rohgewicht)
1 TL Zwiebelsalz
3 EL Zitronensaft
2 TL Margarine

Zubereitung
Champignons in feine Scheiben schneiden und mit Petersilie vermengen. Mischung in eine feuerfeste Auflaufform geben. Gesäubertes Fischfilet darauflegen und mit Zwiebelsalz bestreuen. Zitronensaft über den Fisch gießen und Margarine in Flöckchen darauf verteilen.
Die Form in den vorgeheizten Backofen stellen und die Seezungenfilets bei 200 °C ca. 25 Minuten garen. Sofort servieren.

Nährwerte pro Portion: 203 kcal/849 kJ; 29,7 g Eiweiß; 6,4 g Fett; 3,8 g Kohlenhydrate; 0,3 BE
Austausch pro Portion: 1¼ Gemüse; 4 Eiweiß; 1 Fett

Spargel mit Sesambutter (Rezept Seite 144) und
Steak française (Rezept Seite 139)
Seite 135: *Pellkartoffeln mit Grüner Sauce (Rezept Seite 162)*

Schollenfilet Veronique

Für 2 Portionen
300 g Schollenfilets (Rohgewicht)
Zitronensaft
Salz, Pfeffer
60 ml Weißwein
2 TL Margarine
2 TL Mehl
50 ml Milch (1,5% Fett)
75 g Trauben, halbiert und entkernt
52 g Schlagsahne
Petersilie

Zubereitung
Schollenfilets säubern, mit Zitronensaft säuern, salzen und pfeffern. Weißwein erhitzen und die Fischfilets darin gardünsten. Fisch warmstellen, Weinsud aufbewahren.
Margarine schmelzen, Mehl zufügen. Milch und Fischsud einrühren und die Sauce kurz durchkochen. Trauben in der Sauce erhitzen, zum Schluß die Sahne einrühren.
Die Sauce über den Fisch geben und mit feingehackter Petersilie bestreut servieren.

Nährwerte pro Portion: 323 kcal/1351 kJ; 28,0 g Eiweiß; 14,0 g Fett; 12,1 g Kohlenhydrate; 1,0 BE
Austausch pro Portion: 4 Eiweiß; 110 kcal »auf Wunsch«; 1 Fett; ⅛ Milch; ½ Obst

Filetsteaks Zigeuner Art

Für 2 Portionen
300 g Rinderfilet in 2 Scheiben (Rohgewicht)
Paprika rosenscharf
2 TL Öl
100 g eingelegter Tomatenpaprika
100 g Schalotten, geschält
200 g Pfifferlinge (Konserve)
140 g Maiskörner (Konserve)
50 g Gewürzgurke
8 TL Tomatenketchup
1 TL Instantbrühe
Salz, Pfeffer
3 EL Crème fraîche
Petersilie, feingehackt

Zubereitung
Filetsteaks mit Paprika einreiben und im heißen Öl auf beiden Seiten braten. Dann auf einer Platte warmhalten. In der gleichen Pfanne gewürfelten Tomatenpaprika, gehackte Schalotten, abgetropfte Pfifferlinge (Dosenflüßigkeit auffangen), Maiskörner und gehackte Gewürzgurke andünsten. Pilzwasser mit Ketchup verrühren und an das Gemüse gießen. Instantbrühe einrühren und alles etwa 5 Minuten schmoren. Gemüse mit Salz und Pfeffer abschmecken. Dann die Filetsteaks einlegen und nochmal kurz erwärmen.
Fleisch und Gemüse auf Tellern anrichten, je einen Klacks Crème fraîche darauf geben und mit Petersilie bestreut servieren.

Nährwerte pro Portion: 471 kcal/1970 kJ; 34,7 g Eiweiß; 20,7 g Fett; 31,0 g Kohlenhydrate; 2,6 BE
Austausch pro Portion: 4 Eiweiß; 1 Fett; 2¼ Gemüse; 1 stärkehaltiges Gemüse; 125 kcal »auf Wunsch«

Steak française (Foto Seite 136)

Für 1 Portion
150 g Rindersteak (Rohgewicht)
Pfeffer
1 TL Öl
100 g Pfifferlinge (Konserve)
50 g Zwiebel, geschält
1 TL Margarine
Salz
1½ EL Crème fraîche
gehackte Petersilie

Zubereitung
Rindersteak pfeffern und mit Öl einreiben. Abgetropfte Pfifferlinge und gehackte Zwiebel in geschmolzener Margarine dünsten, salzen, dann Crème fraîche und Petersilie unterziehen. Pilze warmhalten.
In einer beschichteten Pfanne das Steak auf beiden Seiten kurz braten, dann salzen. Auf einem vorgewärmten Teller anrichten und mit dem Pilzgemüse servieren.

Nährwerte pro Portion: 401 kcal/1678 kJ; 31,4 g Eiweiß; 23,6 g Fett; 10,9 g Kohlenhydrate; 0,9 BE
Austausch pro Portion: 4 Eiweiß; 2 Fett; 1½ Gemüse; 100 kcal »auf Wunsch«

Gebackenes Roastbeef

Für 6 Portionen
900 g Roastbeef (Rohgewicht)
Salz, Pfeffer
3 TL Kräutersenf
6 TL Butter

Zubereitung
Roastbeef rundherum mit Salz und Pfeffer würzen, oben mit Senf bestreichen. Auf den Bratrost legen, Butterflöckchen auf dem Fleisch verteilen. Rost über der Saftpfanne in den vorgeheizten Ofen schieben und das Fleisch bei 225 °C etwa 50 Minuten braten. Vor dem Aufschneiden noch ca. 10 Minuten ruhen lassen.

Nährwerte pro Portion: 398 kcal/1665 kJ; 31,0 g Eiweiß; 27,8 g Fett; 0,1 g Kohlenhydrate; 0,0 BE
Austausch pro Portion: 4 Eiweiß; 1 Fett

Gefüllte Kalbsschnitzel

Für 4 Portionen
4 Kalbsschnitzel à 150 g (Rohgewicht)
200 g Aprikosen, entkernt
2 TL geriebener Meerrettich
4 TL Öl
Pfeffer, Salz

Zubereitung
In die Kalbsschnitzel eine Tasche schneiden. Aprikosen fein würfeln und mit Meerrettich vermengen. Mischung in die Fleischtaschen füllen. Die Taschen mit Holzstäbchen verschließen. Schnitzel auf den Rost legen, mit Öl bepinseln, pfeffern und unter dem vorgeheizten Grill von beiden Seiten grillen. Anschließend salzen und sofort servieren.

Nährwerte pro Portion: 237 kcal/992 kJ; 31,6 g Eiweiß; 7,8 g Fett; 6,5 g Kohlenhydrate; 0,5 BE
Austausch pro Portion: 4 Eiweiß; ½ Obst; 1 Fett

Käseschnitzel

Für 2 Portionen
300 g Kalbsschnitzel (Rohgewicht)
4 TL Margarine
Salz, Pfeffer
70 g Schlagsahne
4 TL geriebener Käse
Schnittlauch

Zubereitung
Schnitzel in erhitzter Margarine auf beiden Seiten goldgelb braten. Würzen und warmstellen. Den Fond mit 2 Eßlöffeln Wasser und Schlagsahne lösen. Käse einrühren. Die Sauce über die angerichteten Schnitzel gießen. Mit feingeschnittenem Schnittlauch bestreut servieren.

Nährwerte pro Portion: 390 kcal/1630 kJ; 34,8 g Eiweiß; 24,9 g Fett; 1,4 g Kohlenhydrate; 0,1 BE
Austausch pro Portion: 4 Eiweiß; 2 Fett; 120 kcal »auf Wunsch«

Schweinemedaillons

Für 2 Portionen
300 g Schweinelende (Rohgewicht)
Salz, Pfeffer
Knoblauchpulver
2 TL Öl
100 g Ananas (Konserve ohne Zucker)
2 EL Ananassaft (ohne Zucker)
70 g Schlagsahne
2 TL geriebener Käse

Zubereitung
Schweinelende in Scheiben schneiden, würzen und in heißem Öl auf beiden Seiten anbraten. Anschließend mit Ananas belegen und warmstellen. Den Pfannenfond mit Ananassaft und Schlagsahne loskochen und den Käse in der Sauce schmelzen. Die heiße Sauce über die Schweinemedaillons gießen. Sofort servieren.

Nährwerte pro Portion: 470 kcal/1964 kJ; 30,4 g Eiweiß; 32,5 g Fett; 7,9 g Kohlenhydrate; 0,7 BE
Austausch pro Portion: 4 Eiweiß; 1 Fett; ½ Obst; 110 kcal »auf Wunsch«

Schweinefilet mit Sahnefeigen

Für 2 Portionen
300 g Schweinefilet (Rohgewicht)
2 TL Margarine
Salz, Pfeffer
Curry
140 g frische Feigen
100 g Fruchtcocktail (Konserve ohne Zucker)
2 EL Fruchtcocktailsaft (ohne Zucker)
70 g Schlagsahne

Zubereitung
Schweinefilet in feine Streifen schneiden. Margarine erhitzen und die Fleischstreifen darin anbraten. Mit Salz, Pfeffer und Curry würzen. Feigen kleinschneiden und zusammen mit den Cocktailfrüchten zum Fleisch geben, kurz mit erwärmen. Fleisch und Früchte auf vorgewärmte Teller verteilen und warmstellen.
Den Fond mit Fruchtsaft loskochen, Sahne zufügen und mit Curry abschmecken. Die heiße Sauce über das angerichtete Fleisch und Obst geben.

Nährwerte pro Portion: 490 kcal/2047 kJ; 30,2 g Eiweiß; 30,3 g Fett; 17,7 g Kohlenhydrate; 1,5 BE
Austausch pro Portion: 4 Eiweiß; 1 Fett; 1½ Obst; 100 kcal »auf Wunsch«

Papaya-Curry-Huhn

Für 2 Portionen
300 g Hähnchenfleisch, enthäutet (Rohgewicht)
2½ TL Mehl
Curry
Salz, Pfeffer
2 TL Margarine
50 g Zwiebel, geschält
2 TL Instantbrühe
100 g Papaya, geschält und entkernt
70 g Schlagsahne

Zubereitung
Hähnchenfleisch in einer Mischung aus 1½ Teelöffeln Mehl, Curry, Salz und Pfeffer wälzen. In heißer Margarine anbraten. Gewürfelte Zwiebel hinzufügen und mit andünsten. Mit 200 ml Wasser ablöschen und Brühe einrühren. Alles etwa 20 Minuten garen. Papaya in Streifen schneiden und hinzufügen. Sahne mit dem restlichen Mehl verrühren. Die Sauce damit binden und vor dem Servieren alles kräftig mit Curry abschmecken.

Nährwerte pro Portion: 416 kcal/1738 kJ; 38,1 g Eiweiß; 17,1 g Fett; 23,6 g Kohlenhydrate; 2,0 BE
Austausch pro Portion: 4 Eiweiß; 1 Fett; ¼ Gemüse; ½ Obst; 122,5 kcal »auf Wunsch«

Rehsteak mit grünem Pfeffer

Für 2 Portionen
2 Rehsteaks à 150 g (Rohgewicht)
50 ml Sherry
2 TL Margarine
2 TL grünen Pfeffer
Salz
35 g Schlagsahne

Zubereitung
Rehsteaks in Sherry mindestens 3 Stunden im Kühlschrank marinieren. Anschließend trockentupfen und in einer Pfanne in heißer Margarine braten. Warmstellen.
Den Fond mit der Sherrymarinade lösen, mit grünem Pfeffer und Salz abschmecken und mit Sahne verfeinern.
Die Sauce zu den Rehsteaks servieren.

Nährwerte pro Portion: 311 kcal/1298 kJ; 34,1 g Eiweiß; 14,9 g Fett; 0,7 g Kohlenhydrate; 0,1 BE
Austausch pro Portion: 4 Eiweiß; 100 kcal »auf Wunsch«; 1 Fett

Hirschsteaks mit Artischockengemüse

Für 2 Portionen
2 Hirschsteaks à 150 g (Rohgewicht)
125 ml herber Rotwein
3 Wacholderbeeren
100 g Zwiebeln, geschält
2 TL Butter
300 g Artischockenherzen (Konserve)
gemischte Kräuter (Tiefkühlware)
Salz, Pfeffer
35 g Schlagsahne
2 TL Öl

Zubereitung
Hirschsteaks in Rotwein mit Wacholderbeeren einlegen und 2 Stunden im Kühlschrank marinieren. Marinade anschließend abgießen und aufbewahren. Wacholderbeeren entfernen. Die Steaks auf Küchenkrepp abtropfen lassen.
Zwiebeln in dünne Scheiben schneiden. In heißer Butter glasig dünsten. Abgetropfte Artischockenherzen und Kräuter beifügen. Den Rotwein angießen, alles mit Salz und Pfeffer würzen und die Sahne unterziehen.
Abgetrocknete Hirschsteaks im heißen Öl auf beiden Seiten braten. Auf vorgewärmte Teller geben und mit dem Artischokkengemüse umlegen.

Nährwerte pro Portion: 480 kcal/2008 kJ; 35,7 g Eiweiß; 20,0 g Fett; 23,8 g Kohlenhydrate; 2,0 BE
Austausch pro Portion: 4 Eiweiß; 100 kcal »auf Wunsch«; 2 Gemüse; 2 Fett

Gemüse-Crudité

Für 2 Portionen
½ Avocado, geschält
je 200 g Bleichsellerie, Paprikaschoten, Möhren und Salatgurke, geputzt bzw. geschält
Dip:
400 g Magerquark
200 g Joghurt (0,3 % Fett)
je ½ Bund Petersilie, Schnittlauch und Dill
1 Kästchen Kresse
1 Knoblauchzehe, geschält
50 g Zwiebel, geschält
1 EL Kapern
Salz, Pfeffer

Zubereitung
Avocado und alle Gemüse in Julienne-Streifen schneiden und dekorativ auf einer Platte anrichten.
Für den Dip Quark mit Joghurt, feingewiegten Kräutern, kleingehacktem Knoblauch, feingewürfelter Zwiebel und Kapern verrühren. Den Dip pikant abschmecken und auf zwei Schälchen verteilen.
Bei Tisch die Gemüsestreifen in die Quarksauce dippen.

Nährwerte pro Portion: 403 kcal/1684 kJ; 36,4 g Eiweiß; 11,2 g Fett; 35,2 g Kohlenhydrate; 2,9 BE
Austausch pro Portion: 2 Eiweiß; 1 Milch; 4½ Gemüse; 100 kcal »auf Wunsch«

Beilagen – willkommene Begleiter

Fernöstlicher Broccolisalat

Für 2 Portionen
300 g Broccoli (Tiefkühlware)
Salz
1 EL Essig
1 EL Öl
1 TL Sojasauce
1 TL Senf

Zubereitung
Broccoli in Salzwasser »al dente« garen, abgießen und abtropfen lassen.
Alle übrigen Zutaten verrühren und die Sauce über den Broccoli gießen. Salat gut durchziehen lassen.

Nährwerte pro Portion: 119 kcal/498 kJ; 4,9 g Eiweiß; 7,8 g Fett; 6,6 g Kohlenhydrate; 0,6 BE
Austausch pro Portion: 1½ Fett; 1½ Gemüse

Fenchel-Tomaten-Salat

Für 4 Portionen
250 g Fenchel, geputzt
50 g Zwiebeln, geschält
250 g Tomaten
4 TL Öl
2 EL Zitronensaft
Süßstoff
Salz, Pfeffer
½ TL Senf

Zubereitung
Fenchel und Zwiebel in Ringe schneiden, Tomaten in Scheiben schneiden. Alles gut vermengen.
Aus den restlichen Zutaten eine Marinade bereiten. Über den Salat geben.
Bis zum Servieren gut durchziehen lassen.

Nährwerte pro Portion: 95 kcal/397 kJ; 2,3 g Eiweiß; 5,3 g Fett; 8,9 g Kohlenhydrate; 0,7 BE
Austausch pro Portion: 1¼ Gemüse; 1 Fett

Eiersalat mit Avocado

Für 1 Portion
2 Eier, hartgekocht
¼ Avocado, geschält und entkernt
4 schwarze Oliven, entkernt
50 g Tomaten
Kresse
Marinade:
2 EL Zitronensaft
1 TL Senf
Salz, Pfeffer
½ TL Zucker
10 g Zwiebel, geschält
1 TL Öl

Zubereitung
Alle Zutaten für die Marinade verrühren.
Geachtelte Eier, gewürfelte Avocado, in Scheiben geschnittene Oliven und gewürfelte Tomaten mit der Marinade vermischen. Salat mit Kresse bestreut sofort anrichten.

Nährwerte pro Portion: 379 kcal/1585 kJ; 16,3 g Eiweiß; 29,4 g Fett; 7,7 g Kohlenhydrate; 0,6 BE
Austausch pro Portion: 130 kcal »auf Wunsch«; 60 g Gemüse; 1 Fett; 2 Eiweiß

Mangoldgemüse

Für 4 Portionen
800 g Mangoldstiele, geputzt
Salz
6 TL Margarine
40 g Mehl
250 ml Milch (0,3% Fett)

Zubereitung
Mangoldstiele in 3–5 cm lange Abschnitte schneiden und in ¼ Liter kochendem Salzwasser ca. 10 Minuten garen. Mangold abtropfen lassen, Kochflüssigkeit auffangen.
Margarine schmelzen. Mehl darin anschwitzen. Milch und Mangoldkochwasser einrühren. Die Mangoldstiele in die Sauce geben, erhitzen, dann sofort servieren.

Nährwerte pro Portion: 162 kcal/676 kJ; 7,5 g Eiweiß; 6,7 g Fett; 16,2 g Kohlenhydrate; 1,4 BE
Austausch pro Portion: 2 Gemüse; 1½ Fett; ½ Getreideerzeugnis; ¼ Milch

Spargel mit Sesambutter (Foto Seite 136)

Für 1 Portion
100 g Spargel (Konserve)
Salz
2 TL Butter
2 TL Zitronensaft
1 TL Sesamkörner
Petersilie, gehackt
1 Zitronenscheibe

Zubereitung
Spargel in der Dosenflüssigkeit erwärmen und etwas salzen. Butter schmelzen, vorsichtig Zitronensaft zufügen. Sesamkörner in der Zitronenbutter goldgelb rösten. Spargel auf einer vorgewärmten Platte anrichten, Sesambutter darüber gießen. Mit Petersilie bestreuen und mit der Zitronenscheibe garnieren.

Nährwerte pro Portion: 117 kcal/488 kJ; 2 g Eiweiß; 8,6 g Fett; 2,4 g Kohlenhydrate; 0,2 BE
Austausch pro Portion: 2 Fett; 1 Gemüse; 20 kcal »auf Wunsch«

Spargel mit Sauce Hollandaise

Für 2 Portionen
400 g Spargel, geschält
2 Eier, getrennt
1 kleiner Brühwürfel
Salz, Muskat

Zubereitung
Spargel in Salzwasser ca. 15 Minuten garen.
Inzwischen Eiweiß steifschlagen, verquirltes Eigelb vorsichtig unterziehen. Brühwürfel in ¼ l heißem Wasser auflösen. Die Brühe unter ständigem Schlagen (am besten im Wasserbad) an die Eiermasse gießen, bis eine cremige Sauce entstanden ist. Mit Salz und Muskat abschmecken.
Abgetropften Spargel auf einer vorgewärmten Platte anrichten und mit der Sauce übergießen.

Nährwerte pro Portion: 140 kcal/586 kJ; 11,8 g Eiweiß; 6,9 g Fett; 6,3 g Kohlenhydrate; 0,5 BE
Austausch pro Portion: 1 Eiweiß; 5 kcal »auf Wunsch«; 2 Gemüse

Rosenkohl mit feinen Kräutern

Für 1 Portion
300 g Rosenkohl (Tiefkühlware)
2 TL Instant-Hühnerbrühe
je 1 Prise Basilikum und Estragon

Zubereitung
Rosenkohl in 250 ml Wasser mit Brühe ca. 20 Minuten garen. Nach dem Abtropfen mit Kräutern bestreut servieren.

Nährwerte pro Portion: 181 kcal/756 kJ; 15,7 g Eiweiß; 2,3 g Fett; 21,9 g Kohlenhydrate; 1,8 BE
Austausch pro Portion: 3 Gemüse; 20 kcal »auf Wunsch«

Überbackenes Zucchinigemüse

Für 2 Portionen
300 g Zucchini, geputzt
125 ml Tomatensaft
1 kleiner Brühwürfel
Oregano
Pfeffer, Salz
3 EL Crème fraîche
4 TL geriebener Parmesankäse

Zubereitung
Zucchini in Scheiben schneiden. Tomatensaft mit Brühwürfel, Oregano und Gewürzen erhitzen und die Zucchini darin ca. 10 Minuten garen. Dann in eine feuerfeste Form geben. Crème fraîche und Käse verrühren, auf das Gemüse streichen. Form unter den vorgeheizten Grill stellen und das Gemüse kurz überbräunen.
In der Form servieren.

Nährwerte pro Portion: 144 kcal/603 kJ; 6,1 g Eiweiß; 10,2 g Fett; 5,8 g Kohlenhydrate; 0,5 BE
Austausch pro Portion: 1½ Gemüse; ¼ Obst; 125 kcal »auf Wunsch«

Italienisches Gemüseragout

Für 2 Portionen
50 g Zwiebel, geschält
1 Knoblauchzehe, geschält
2 TL Olivenöl
500 g Zucchini, geputzt
250 g Tomaten (Konserve)
140 g Maiskörner (Konserve)
Basilikum, Oregano
Salz, Pfeffer

Zubereitung
Gewürfelte Zwiebel und gehackten Knoblauch in heißem Olivenöl andünsten. Zucchini grob würfeln und mitschmoren. Die vorher pürierten Tomaten zufügen. Das Gemüse etwa 10 Minuten unter gelegentlichem Umrühren garen. Zum Schluß die abgetropften Maiskörner unterrühren, kurz mit erwärmen und das Gemüse mit den gerebelten Kräutern und Gewürzen kräftig abschmecken.
Sofort servieren.

Nährwerte pro Portion: 175 kcal/733 kJ; 4,7 g Eiweiß; 6,5 g Fett; 23,0 g Kohlenhydrate; 1,9 BE
Austausch pro Portion: 4 Gemüse; 1 Fett; 1 stärkehaltiges Gemüse

Desserts und Getränke zum Ausklang

Gegrillte Ananastorte

Für 4 Portionen
8 TL Margarine
80 g einfache Kekse
4 Eier
Süßstoff
400 g Magerquark
80 g Grieß
100 ml Milch (1,5% Fett)
Vanilleextrakt
4 EL Ananassaft (ohne Zucker)
200 g Ananas (Konserve ohne Zucker)
8 TL Zucker

Zubereitung
7 Teelöffel Margarine schmelzen. Kekse fein zerkrümeln und mit der Margarine vermengen. Auf den Boden einer Springform (20 cm) drücken. Mit dem Rest Margarine den Rand der Springform einfetten.
3 Eier und ein Eigelb schaumig schlagen. Süßstoff, Quark, Grieß, Milch, Vanilleextrakt und Ananassaft unterrühren. Die Masse auf die Kekskrümel in der Springform geben und glattsteichen. Die Torte im vorgeheizten Ofen bei 175 °C ca. 60 Minuten backen. Auskühlen lassen.
Anschließend mit Ananassscheiben belegen. Das restliche Eiweiß steif schlagen. Langsam den Zucker einrieseln lassen. Die Baisermasse auf die Torte streichen und unter dem vorgeheizten Grill überbräunen.

Nährwerte pro Portion: 495 kcal/2067 kJ; 27,0 g Eiweiß; 17,5 g Fett; 51,4 g Kohlenhydrate; 4,3 BE
Austausch pro Portion: 2 Fett; 2 Eiweiß; 1 Getreideerzeugnis; ⅜ Milch; ½ Obst; 140 kcal »auf Wunsch«

Crêpes mit Erdbeerfüllung (Foto Seite 156)

Für 2 Portionen
2 Eier
40 g Mehl
Vanillearoma
4 TL Erdbeerkonfitüre
1 TL Puderzucker

Zubereitung
Eier mit Mehl, Vanillearoma und 70 ml Wasser verrühren. Teig 10 Minuten ruhen lassen. Anschließend in einer beschichteten Pfanne 4 Crêpes backen.
Crêpes mit Erdbeerkonfitüre bestreichen, aufrollen und mit Puderzucker bestreut servieren.

Nährwerte pro Portion: 205 kcal/855 kJ; 9,5 g Eiweiß; 6,6 g Fett; 24,2 g Kohlenhydrate; 2,0 BE
Austausch pro Portion: 1 Eiweiß; 1 Getreideerzeugnis; 50 kcal »auf Wunsch«

Erdbeerkaltschale exquisit

Für 2 Portionen
250 g frische Erdbeeren, geputzt
Zitronensaft
Süßstoff
⅛ l Weißwein
⅛ l Sekt

Zubereitung
Erdbeeren mit Zitronensaft, Süßstoff und ⅛ Liter Wasser im Mixer pürieren. Süßen, mit Wein verrühren und 2 Stunden in den Kühlschrank stellen.
Erdbeerpüree in Gläser verteilen und mit Sekt auffüllen. Sofort servieren.

Nährwerte pro Portion: 143 kcal/596 kJ; 1,2 g Eiweiß; 0,5 g Fett; 11,5 g Kohlenhydrate; 1,0 BE
Austausch pro Portion: 1 Obst; 100 kcal »auf Wunsch«

Erdbeersorbet

Für 2 Portionen
250 g frische Erdbeeren, geputzt
35 g Schlagsahne
125 ml Sekt
2 TL Zucker

Zubereitung
Alle Zutaten im Mixer pürieren. Das Sorbet gut gekühlt in Cocktailgläsern servieren.

Nährwerte pro Portion: 174 kcal/727 kJ; 1,5 g Eiweiß; 6,0 g Fett; 17,0 g Kohlenhydrate; 1,4 BE
Austausch pro Portion: 1 Obst; 120 kcal »auf Wunsch«

Erdbeeren mit Crème fraîche (Foto Seite 156)

Für 2 Portionen
250 g frische Erdbeeren, geputzt
35 g Schlagsahne
3 EL saure Sahne
2 TL Zucker

Zubereitung
Erdbeeren auf 2 Schalen verteilen. Schlagsahne steif schlagen, mit saurer Sahne verrühren und mit Zucker süßen. Creme auf den Erdbeeren verteilen. Gekühlt servieren.

Nährwerte pro Portion: 171 kcal/717 kJ; 2,2 g Eiweiß; 8,5 g Fett; 15,9 g Kohlenhydrate; 1,3 BE
Austausch pro Portion: 1 Obst; 120 kcal »auf Wunsch«

Erdbeer-Sahne-Eis

Für 4 Portionen
250 g Erdbeeren (Tiefkühlware)
4 TL Puderzucker
140 g Schlagsahne

Zubereitung
Die Erdbeeren leicht antauen lassen.
Anschließend zusammen mit Puderzucker und Sahne im Mixer pürieren. Dessert sofort servieren.

Nährwerte pro Portion: 154 kcal/643 kJ; 1,3 g Eiweiß; 11,3 g Fett; 10,9 g Kohlenhydrate; 0,9 BE
Austausch pro Portion: ½ Obst; 120 kcal »auf Wunsch«

Erdbeeren in Rotweinaspik

Für 4 Portionen
250 g Erdbeeren, geputzt
250 ml Rotwein
4½ TL Zucker
3 Blatt rote Gelatine
70 g Schlagsahne

Zubereitung
Erdbeeren halbieren und auf 4 Gläser verteilen. Rotwein mit 4 Teelöffeln Zucker erhitzen. Die voher eingeweichte Gelatine darin auflösen. Über die Erdbeeren geben und das Dessert im Kühlschrank fest werden lassen.
Schlagsahne steifschlagen und mit dem restlichen Zucker süßen. Die Erdbeerspeise damit verzieren.

Nährwerte pro Portion: 145 kcal/604 kJ; 1,7 g Eiweiß; 5,8 g Fett; 11,0 g Kohlenhydrate; 0,9 BE
Austausch pro Portion: ½ Obst; 125 kcal »auf Wunsch«

Grapefruit-Orangen-Creme

Für 4 Portionen
250 ml ungesüßter Grapefruitsaft
250 ml ungesüßter Orangensaft
Süßstoff
Rumaroma
6 Blatt weiße Gelatine
140 g Schlagsahne
4 Zitronenscheiben
4 Minzeblätter

Zubereitung
Beide Obstsäfte mischen, süßen, mit Rumaroma abschmecken und erwärmen. Die vorher eingeweichte Gelatine darin auflösen. Sobald die Masse geliert, die steifgeschlagene Sahne unterheben.
Die Creme mit Zitronenscheiben und Minzeblättern garnieren.

Nährwerte pro Portion: 172 kcal/717 kJ; 2,8 g Eiweiß; 11,3 g Fett; 13,8 g Kohlenhydrate; 1,1 BE
Austausch pro Portion: 1 Obst; 105 kcal »auf Wunsch«

Sherry-Grapefruits

Für 2 Portionen
250 g Grapefruit
25 ml Sherry
4 TL Zucker
2 TL Butter

Zubereitung
Grapefruit halbieren und in eine kleine feuerfeste Form setzen. Mit Sherry beträufeln, Zucker bestreuen und mit Butterflöckchen belegen. Die Grapefruithälften unter dem vorgeheizten Grill überbräunen.

Nährwerte pro Portion: 156 kcal/651 kJ; 0,8 g Eiweiß; 4,3 g Fett; 21,9 g Kohlenhydrate; 1,8 BE
Austausch pro Portion: 1 Obst; 65 kcal »auf Wunsch«; 1 Fett

Waffeln mit Mokkaquark

Für 4 Portionen
4 TL Butter
4 TL Zucker
Vanillearoma
80 g Mehl
2 Eier
100 g Magerquark
1 Messerspitze Backpulver
Mokkaquark:
100 g Schlagsahne
300 g Magerquark
4 TL Zucker
½ EL Instant-Kaffee
50 ml Sherry
1 TL Kakao zum Garnieren

Zubereitung
Für den Waffelteig Butter, Zucker, Vanillearoma, Mehl, Eier, Magerquark und Backpulver zu einem glatten Teig verrühren. Ein beschichtetes Waffeleisen erhitzen und 4 Waffeln aus dem Teig backen.
Für den Mokkaquark Sahne steifschlagen, Magerquark und Zucker verrühren, Sahne unterheben. Kaffeepulver in Sherry auflösen, dann unter die Quarkmasse rühren. Mokkaquark auf den Waffeln verteilen und mit Kakaopulver bestreuen.

Nährwerte pro Portion: 391 kcal/1632 kJ; 20,2 g Eiweiß; 16,4 g Fett; 30,5 g Kohlenhydrate; 2,5 BE
Austausch pro Portion: 1 Fett; 1 Getreideerzeugnis; ½ Eiweiß; 1 Milch; 142 kcal »auf Wunsch«

Hefekugeln mit Mokkasahne

Für 10 Portionen
200 g Mehl
1 TL Trockenhefe
100 ml Milch (1,5% Fett) erwärmt
10 TL Margarine
4 TL Zucker
2 TL Kondensmilch (4% Fett)
350 g Schlagsahne
1 TL Instant-Kaffee

Zubereitung
Mehl mit Hefe mischen, dann mit Milch, Margarine und 1½ Teelöffeln Zucker verkneten. Den Teig kräftig schlagen, bis er sich vom Schüsselrand löst. Zugedeckt an einem warmen Ort ca. 30 Minuten gehen lassen.
Teig zu einer langen Rolle formen, 10 kleine Stücke abschneiden und diese zu kleinen Bällchen drehen. Auf ein mit Backtrennpapier ausgelegtes Blech legen und zugedeckt nochmal 20 Minuten gehen lassen.
Hefekugeln mit Kondensmilch bepinseln und im vorgeheizten Backofen bei 210–225 °C ca. 25 Minuten backen. Dann auskühlen lassen.
Inzwischen Sahne steifschlagen. Kaffee in wenig Wasser auflösen und zusammen mit dem restlichen Zucker unter die Sahne mischen.
Hefekugeln in der Mitte aufschneiden und mit Mokkasahne füllen.

Nährwerte pro Portion: 237 kcal/990 kJ; 3,5 g Eiweiß; 15,5 g Fett; 18,6 g Kohlenhydrate; 1,6 BE
Austausch pro Portion: 1 Getreideerzeugnis; 110 kcal »auf Wunsch«; $\frac{1}{20}$ Milch; 1 Fett

Moussee au Chocolat

Für 4 Portionen
3 Blatt Gelatine
200 ml Milch (1,5% Fett), eisgekühlt
4 TL Kakao
8½ TL Zucker
140 g Schlagsahne

Zubereitung
Gelatine einweichen, dann in 50 ml heißem Wasser auflösen. Eisgekühlte Milch mit Kakao und 6 Teelöffeln Zucker verrühren. Unter ständigem Schlagen (mit einem elektrischen Handrührgerät) die Gelatine zufügen. Weitere 5 Minuten kräftig schlagen. Creme im Kühlschrank fest werden lassen; dabei mehrmals einige Minuten kräftig durchrühren. Schlagsahne steifschlagen und mit dem restlichen Zucker süßen.
Die erstarrte Schokoladenspeise mit Schlagsahne servieren.

Nährwerte pro Portion: 203 kcal/850 kJ; 4,1 g Eiweiß; 13,1 g Fett; 16,1 g Kohlenhydrate; 1,3 BE
Austausch pro Portion: 150 kcal »auf Wunsch«; ¼ Milch

Obstgelee

Für 2 Portionen
100 g Kiwi (Konserve ohne Zucker)
60 g Banane, geschält
125 g Erdbeeren
2 EL Kiwisaft (ohne Zucker)
160 ml ungesüßter Traubensaft
125 ml Rotwein
Süßstoff
Zimt
3 Blatt rote Gelatine

Zubereitung
Kiwi und Bananen in Scheiben schneiden. Erdbeeren halbieren. Obst auf 2 Gläser verteilen. Kiwisaft, Traubensaft und Rotwein mischen und mit Süßstoff und Zimt würzen. Dann erwärmen und die vorher eingeweichte Gelatine darin auflösen. Gelee über das Obst gießen und im Kühlschrank fest werden lassen.

Nährwerte pro Portion: 177 kcal/739 kJ; 2,6 g Eiweiß; 0,5 g Fett; 29,9 g Kohlenhydrate; 2,5 BE
Austausch pro Portion: 2 Obst; 85 kcal »auf Wunsch«

Obstsalat mit Sherrysahne

Für 5 Portionen
60 g Banane, geschält
100 g Kiwi, geschält
100 g Orange, geschält
125 g Apfel, geschält und entkernt
50 g Birne, geschält und entkernt
100 g Wassermelone
2 EL Zitronensaft
5 TL Zucker
140 g Schlagsahne
50 ml Sherry, Süßstoff

Zubereitung
Obst zerkleinern und miteinander vermengen. Zitronensaft mit Zucker verrühren und über das Obst geben. Schlagsahne steifschlagen, den Sherry unterrühren. Nach Wunsch mit Süßstoff süßen.
Die Sherrysahne zum Obstsalat servieren.

Nährwerte pro Portion: 170 kcal/709 kJ; 1,4 g Eiweiß; 9,2 g Fett; 18,1 g Kohlenhydrate; 1,5 BE
Austausch pro Portion: 1 Obst; 125 kcal »auf Wunsch«

Capuccino (Foto Seite 153)

Für 1 Portion
35 g Schlagsahne
Süßstoff
1 Tasse heißer, sehr starker Kaffe
½ TL Kakaopulver
1 Prise geriebene Orangenschale

Zubereitung
Schlagsahne steifschlagen und süßen. Auf den heißen Kaffee geben. Die Sahnehaube mit Kakaopulver und Orangenschale bestreuen.

Nährwerte pro Portion: 102 kcal/427 kJ; 1,0 g Eiweiß; 9,9 g Fett; 1,6 g Kohlenhydrate; 0,1 BE
Austausch pro Portion: 102,5 kcal »auf Wunsch«

Kalte Ente

Für 12 Portionen
1 unbehandelte Zitrone
750 ml trockener Weißwein
4 EL Zucker
750 ml Sekt
500 ml Mineralwasser

Zubereitung
Zitrone hauchdünn abschälen. Zitronenschale mit Wein begießen, ca. 2 Stunden ziehen lassen. Zucker unterrühren und mit Sekt und Mineralwasser auffüllen.
Gut gekühlt servieren.

Nährwerte pro Portion: 120 kcal/501 kJ; 0,2 g Eiweiß; 7,1 g Kohlenhydrate; 0,6 BE
Austausch pro Portion: 110 kcal »auf Wunsch«

Martini

Für 2 Portionen
50 ml Sherry
50 ml Wermouth
½ TL Zitronensaft
2 grüne Oliven

Zubereitung
Sherry, Wermouth und Zitronenaft gut verrühren, auf 2 Gläser verteilen und jeweils mit 1 Olive und 2 Eiswürfeln servieren.

Nährwerte pro Portion: 105 kcal/440 kJ; 0,2 g Eiweiß; 0,5 g Fett; 0,5 g Kohlenhydrate; 0,0 BE
Austausch pro Portion: 105 kcal »auf Wunsch«

Melonensekt

Für 1 Portion
100 g Melone, geschält
1 EL Zitronensaft
2 TL Zucker
125 ml Sekt

Zubereitung
Melone würfeln, in eine Sektschale geben, mit Zitronensaft beträufeln und mit Zucker bestreuen. 30 Minuten ziehen lassen. Anschließend mit Sekt auffüllen.

Nährwerte pro Portion: 168 kcal/704 kJ; 0,8 g Eiweiß; 0,2 g Fett; 19,0 g Kohlenhydrate; 1,6 BE
Austausch pro Portion: ½ Obst; 140 kcal »auf Wunsch«

Spanische Orangencreme

Für 2 Portionen
1½ TL gemahlene Gelatine
200 ml Milch (1,5% Fett)
1 Ei, getrennt
3½ TL Zucker
2 EL Orangensaftkonzentrat (Tiefkühlware)
½ TL abgeriebene Schale einer unbehandelten Orange
100 g Orange, geschält

Zubereitung
Gelatine in 50 ml Milch einweichen. Den Rest der Milch erwärmen. Eigelb, Zucker, Orangensaftkonzentrat und Orangenschale einrühren. Die eingeweichte Gelatine zufügen und auflösen. Die Masse erkalten lassen.
Sobald die Masse halbfest ist, das steifgeschlagene Eiweiß unterheben. Die Creme im Kühlschrank vollständig fest werden lassen.
Mit Orangenspalten verziert servieren.

Nährwerte pro Portion: 203 kcal/848 kJ; 9,7 g Eiweiß; 5,1 g Fett; 28,1 g Kohlenhydrate; 2,3 BE
Austausch pro Portion: ½ Milch; 1 Obst; ½ Eiweiß; 40 kcal »auf Wunsch«

Sangria (Foto rechte Seite)

Für 6 Portionen
250 g Pfirsiche, enthäutet und entkernt
1 kleine ungespritzte Orange
1 ungespritzte Zitrone
750 ml Rotwein

Zubereitung
Pfirsiche würfeln. Orange und Zitrone mit Schale in Scheiben schneiden. Obst mit Wein begießen, durchziehen lassen und die Sangria gut gekühlt servieren.

Nährwerte pro Portion: 125 kcal/524 kJ; 0,9 g Eiweiß; 0,2 g Fett; 7,5 g Kohlenhydrate; 0,6 BE
Austausch pro Portion: ½ Obst; 100 kcal »auf Wunsch«

Sekt mit Trauben (Foto rechte Seite)

Für 2 Portionen
80 ml ungesüßter Traubensaft
75 g blaue Trauben
250 ml Sekt

Zubereitung
Traubensaft in einer Eiswürfelform einfrieren. Die gefrorenen Würfel in eine Karaffe geben. Trauben halbieren und entkernen, ebenfalls in die Karaffe geben. Mit gut gekühltem Sekt auffüllen.

Nährwerte pro Portion: 162 kcal/675 kJ; 0,5 g Eiweiß; 0,1 g Fett; 17,5 g Kohlenhydrate; 1,5 BE
Austausch pro Portion: 1 Obst; 100 kcal »auf Wunsch«

Sekt mit Trauben, Sangria (Rezepte diese Seite) und Capuccino (Rezept Seite 151)
Seite 154: *Rosinentaler und Aprikosentaschen (Rezepte Seite 121/122)*

Pharisäer

Für 4 Portionen
½ l starker, heißer Kaffee
Rumaroma nach Geschmack
Süßstoff nach Geschmack
70 g Schlagsahne

Zubereitung
Heißen Kaffee mit Rumaroma und Süßstoff abschmecken und auf 4 Tassen verteilen.
Die Sahne steifschlagen und jeweils eine Sahnehaube auf den Kaffee geben.
Den Kaffee genüßlich durch die Sahne hindurch schlürfen.

Nährwerte pro Portion: 55 kcal/232 kJ; 0,4 g Eiweiß; 5,5 g Fett; 0,6 g Kohlenhydrate; 0,1 BE
Austausch pro Portion: 50 kcal »auf Wunsch«

Rumpudding

Für 4 Portionen
½ l Milch (0,3% Fett)
½ Vanillestange
4 Eier, getrennt
Süßstoff
3 TL weiße Gelatine (1 Beutel)
1 Fläschchen Rumaroma

Zubereitung
Milch mit Vanillestange zum Kochen bringen. Von der Herdplatte nehmen und nach und nach die mit Süßstoff verquirlten Eigelb einrühren. Gelatine nach Verpackungsvorschrift auflösen und in die Puddingmasse rühren. Vanillestange entfernen, den Pudding abkühlen lassen; dabei einige Male durchrühren. Eiweiß schnittfest schlagen und vorsichtig mit dem Pudding vermischen. Mit Rumaroma abschmecken.
Pudding bis zum Servieren im Kühlschrank völlig erkalten lassen.

Nährwerte pro Portion: 144 kcal/602 kJ; 12,9 g Eiweiß; 6,5 g Fett; 6,4 g Kohlenhydrate; 0,5 BE
Austausch pro Portion: ½ Milch; 1 Eiweiß; 5 kcal »auf Wunsch«

Crêpes mit Erdbeerfüllung (Rezepte Seite 146) und
Erdbeeren mit Crème fraîche (Rezept Seite 147)
Seite 155: *Schwarzwälder Mokkacreme (Rezept Seite 200)*

Longdrink für Autofahrer

Für 2 Portionen
⅛ l ungesüßter Orangensaft
375 ml Mineralwasser
4 Eiswürfel
½ TL Puderzucker
2 Zitronenscheiben

Zubereitung
Orangensaft und Mineralwasser in einem Glaskrug mischen. Dann auf zwei Longdrinkgläser verteilen und die Eiswürfel dazugeben. Puderzucker etwas anfeuchten und die Glasränder damit verzieren. Die Zitronenscheiben an einer Seite einschneiden und auf die Glasränder stecken.
Longdrink mit Strohhalm servieren.

Nährwerte pro Portion: 35 kcal/146 kJ; 8,0 g Kohlenhydrate
Austausch pro Portion: ½ Obst; 5 kcal »auf Wunsch«

Mandarinenbowle

Für 8 Portionen
800 g Mandarinen (Konserve ohne Zucker)
16 EL Mandarinensaft (ohne Zucker)
4 Fläschchen Rumaroma
Saft von 4 Zitronen
Süßstoff nach Geschmack
4 l Mineralwasser
½ l Sekt oder Champagner

Zubereitung
Mandarinen und Saft in ein großes Bowlengefäß geben. Früchte mit Rumaroma und Süßstoff beträufeln. Dann den Zitronensaft darüber gießen. Bowlengefäß zudecken und alles etwa 24 Stunden durchziehen lassen.
Am nächsten Tag Mineralwasser und Sekt dazugießen und mit den anderen Zutaten gut verrühren.
Bowle mit Eiswürfeln kühlen.

Nährwerte pro Portion: 105 kcal/448 kJ; 1,0 g Eiweiß; 15,0 g Kohlenhydrate
Austausch pro Portion: 1 Obst; 50 kcal »auf Wunsch«

Spezialitäten aus deutschen Landen

Wer kennt sie nicht, die Sehnsucht nach deftigen Gerichten aus Großmutters Küche. Plötzlich überfällt einem die Lust auf Schwäbische Maultaschen, Grünkohl mit Pinkel, Handkäse mit Musik, Rheinischen Sauerbraten mit Rosinen, oder wie sie alle heißen mögen, die regionalen Spezialitäten. Und dann ist da auch schon der Gedanke, daß es sich dabei ja um lauter unerlaubte Dickmacher handelt, meist mit fetten, gebundenen Saucen und ähnlichen Kalorienbomben.
Die folgenden Rezepte aus Omas Zeiten dürfen Sie ohne Reue genießen. Sie wurden den alten Rezepten nachempfunden, aber auf die schlanke, schnelle Küche abgewandelt. Keine Angst, sie schmecken ebenso gut – vielleicht sogar besser! – Und belasten weder Ihren Magen über die Maßen noch ihre Taille. Früher war es außerdem üblich, daß nur einmal in der Woche Fleisch auf den Tisch kam, und zwar sonntags. An den übrigen Tagen begnügte man sich mit Suppen, Eintöpfen oder Mehlspeisen. Diese Essensgewohnheit war nicht die schlechteste. Viele Menschen verzichten auch heute wieder auf Fleisch und Fleischprodukte und ernähren sich vorwiegend von frischem Gemüse, Getreide und Hülsenfrüchten, Obst und anderen vollwertigen Nahrungsmitteln. Deshalb finden Sie in diesem Kapitel auch Hauptgerichte, die ohne Fleisch zubereitet werden. Blättern Sie aber auch in den anderen Kapiteln – überall finden Sie eine Menge Rezepte, die ohne Fleisch auskommen. Damit auch die Vegetarier in diesem Buch nicht zu kurz kommen!

Vegetarische Leckerbissen

Eiersalat Karlsruhe

Für 1 Portion
2 Eier, hartgekocht
60 g eingelegte Silberzwiebeln
60 g eingelegter Sellerie
Marinade:
1/8 l Tomatensaft
Zitronensaft
1 TL Öl
Salz, Pfeffer
Paprikapulver
Schnittlauchröllchen zum Bestreuen

Zubereitung
Eier würfeln und vorsichtig mit abgetropften Silberzwiebeln und zerkleinertem Sellerie vermengen. Aus den übrigen Zutaten eine Marinade rühren und unter die Eier-Gemüse-Mischung heben.
Mit Schnittlauch bestreut servieren.

Nährwerte pro Portion: 312 kcal/1303 kJ; 17,3 g Eiweiß; 18,2 g Fett; 16,3 g Kohlenhydrate; 1,4 BE
Austausch pro Portion: 2 Eiweiß; 120 g Gemüse; ½ Obst; 1 Fett

Eier mit Paprika-Sauce

Für 1 Portion
125 g Magerquark
50 ml Milch (1,5% Fett)
gemischte Kräuter, z. B. Petersilie, Schnittlauch, Dill, Kresse
1 kleine rote und grüne Paprika
1 kleine Gewürzgurke
Paprikapulver, edelsüß
Salz, Pfeffer
2 Eier, hartgekocht

Zubereitung
Magerquark mit Milch cremig rühren. Kräuter waschen, trocknen und feinschneiden. Geputzte Paprikaschoten und Gewürzgurke in kleine Würfel schneiden und zusammen mit den Kräutern unter den Quark mischen. Die Masse pikant mit Paprika, Salz und Pfeffer abschmecken.
Eier schälen, vierteln oder in Scheiben schneiden. Dann auf einem Teller anrichten und die Quark-Sauce darüber füllen.

Nährwerte pro Portion: 377 kcal/1575 kJ; 36,2 g Eiweiß; 14,7 g Fett; 19 g Kohlenhydrate; 1,6 BE
Austausch pro Portion: 3 Eiweiß; ¾ Milch; 2 Gemüse

Kopfsalat mit Orangen

Für 1 Portion
100 g Kopfsalat
100 g Orange, geschält
125 ml ungesüßter Orangensaft
2 TL Zucker
Sojasauce

Zubereitung
Gewaschene Salatblätter in mundgerechte Teile zupfen. Orangen in Stücke schneiden, mit den Salatblättern vermengen. Aus Orangensaft, Zucker und Sojasauce eine Marinade bereiten und diese über den Salat geben. Sofort servieren.

Nährwerte pro Portion: 109 kcal/457 kJ; 2,3 g Eiweiß; 0,4 g Fett; 24,1 g Kohlenhydrate; 2,0 BE
Austausch pro Portion: 1 Gemüse; 2 Obst; 40 kcal »auf Wunsch«

Fenchel-Obst-Salat

Für 2 Portionen
1 Fenchelknolle (ca. 300 g), geputzt
100 g Orange, geschält
125 g Apfel, geschält und entkernt
125 ml Buttermilch (max. 1% Fett)
Süßstoff
etwas Fenchelgrün zum Bestreuen

Zubereitung
Fenchel, Orange und Apfel in Scheiben schneiden oder würfeln. Buttermilch mit Zitronensaft und Süßstoff würzen, über die Salatzutaten gießen. Alles gut durchmischen und den Salat einige Zeit durchziehen lassen.
Mit Fenchelgrün dekorieren.

Nährwerte pro Portion: 159 kcal/663 kJ; 6,5 g Eiweiß; 1,1 g Fett; 30 g Kohlenhydrate; 2,5 BE
Austausch pro Portion: 1½ Gemüse; 1 Obst; ¼ Milch

Süßsaurer Maissalat

Für 2 Portionen
140 g Maisgemüse (Konserve)
100 g eingelegter Sellerie
50 g Gemüsezwiebel, geputzt
100 g Zuckertomaten
1 EL Mayonnaise (50% Fett)
2 TL Apfelessig
¼ TL Zucker
Salz, Pfeffer

Zubereitung
Abgetropften Mais mit gewürfeltem Sellerie, in Scheiben geschnittener Gemüsezwiebel und halbierten Tomaten vermengen.
Aus den restlichen Zutaten eine Marinade bereiten. Über den Salat geben und gut durchziehen lassen.

Nährwerte pro Portion: 150 kcal/628 kJ; 3,4 g Eiweiß; 4,9 g Fett; 22,0 g Kohlenhydrate; 1,8 BE
Austausch pro Portion: 1 stärkehaltiges Gemüse; 1¼ Gemüse; 1 Fett; 2,5 kcal »auf Wunsch«

Rotkohlsalat

Für 1 Portion
300 g Rotkohl, geputzt
125 g Apfel, geschält und entkernt
50 g Senfgurke
2 EL Zitronensaft
1 TL Senf
1 TL Zucker
Salz

Zubereitung
Rotkohl fein raspeln, Apfel grob raspeln. Senfgurke würfeln und alles vermengen. Aus den restlichen Zutaten eine Marinade bereiten und über den Salat geben.
Den Rotkohlsalat gut durchziehen lassen.

Nährwerte pro Portion: 175 kcal/732 kJ; 5,2 g Eiweiß; 1,1 g Fett; 35,6 g Kohlenhydrate; 3,0 BE
Austausch pro Portion: 3½ Gemüse; 1 Obst; 20 kcal »auf Wunsch«

Bayrischer Salat (Foto Seite 176)

Für 2 Portionen
200 g Weißkohl, geputzt
100 g frische Champignons, geputzt
100 g grüne Paprikaschote, geputzt
100 g Tomaten
3 EL Weinessig
1 TL Senf
Salz, Pfeffer
Süßstoff
2 TL Öl

Zubereitung
Weißkohl fein hobeln. Champignons in dünne Scheiben schneiden. Paprikaschote und Tomaten würfeln. Alle Gemüse in einer Schüssel vermengen.
Aus den restlichen Zutaten eine Marinade bereiten. Mit dem Salat gut vermischen und durchziehen lassen.

Nährwerte pro Portion: 107 kcal/445 kJ; 3,8 g Eiweiß; 5,6 g Fett; 9,8 g Kohlenhydrate; 0,8 BE
Austausch pro Portion: 2½ Gemüse; 1 Fett

Pellkartoffeln mit Grüner Sauce
(Foto Seite 135)

Für 1 Portion
100 g Kartoffeln
Sauce:
gemischte Kräuter, z. B. Schnittlauch, Petersilie, Sauerampfer, Zitronenmelisse, Borretsch
75 g Speisequark (20% Fett i. Tr.)
50 ml Milch (1,5% Fett)
1 Ei, hartgekocht
2 TL Öl
Senf, Essig
Salz

Zubereitung
Gewaschene Kartoffeln in der Schale garkochen.
Inzwischen für die Sauce die gewaschenen, abgetrockneten Kräuter fein hacken. Quark mit Milch, Eigelb und dem Öl verrühren. Kräuter und das gewürfelte Eiweiß unterheben und pikant mit Senf, Essig und Salz abschmecken.
Kartoffeln abgießen, pellen und mit der Sauce servieren.

Nährwerte pro Portion: 386 kcal/1615 kJ; 20,5 g Eiweiß; 21,1 g Fett; 24,0 g Kohlenhydrate; 2,0 BE
Austausch pro Portion: 2 Eiweiß; ¼ Milch; 2 Fett; 1 Kartoffel

Mainzer Handkäs mit Musik (Foto Seite 176)

Für 2 Portionen
3 TL Öl
Essig
100 g Zwiebeln, geschält
1 TL Kümmel
Salz, Pfeffer
60 g Handkäse oder Harzer Käse
60 g Roggenmischbrot

Zubereitung
Öl mit Essig, feingehackten Zwiebeln und Kümmel verrühren. Mit Pfeffer und Salz abschmecken. Käse in dieser Marinade etwa 1 Tag einlegen.
Mit Roggenmischbrot servieren.

Nährwerte pro Portion: 215 kcal/898 kJ; 11,7 g Eiweiß; 8,1 g Fett; 20,0 g Kohlenhydrate; 1,7 BE
Austausch pro Portion: 1½ Fett; ½ Gemüse; 10 kcal »auf Wunsch«; ½ Eiweiß; 1 Brot

Fruchtiger Käsetoast

Für 1 Portion
30 g Toastbrot
30 g Schmelzkäse (45% Fett i. Tr.)
100 g Wassermelone, geschält
30 g Banane, geschält
Curry

Zubereitung
Toastbrot rösten. Mit Käse bestreichen. Melone und Banane in Scheiben schneiden. Toastbrot damit fächerförmig belegen. Mit Curry bestäuben.

Nährwerte pro Portion: 223 kcal/932 kJ; 7,7 g Eiweiß; 7,7 g Fett; 28,8 g Kohlenhydrate; 2,4 BE
Austausch pro Portion: 1 Brot; 1 Eiweiß; 1 Obst

Frühlingskartoffelsuppe

Für 2 Portionen
200 g Zwiebeln, geschält
2 TL Margarine
200 g Möhren, geputzt
200 g Porree, geputzt
2 TL Instantbrühe
40 g Kartoffelpüreepulver (Fertigprodukt)
Salz, Pfeffer
Muskat, Majoran
200 g Magerquark
Schnittlauch
Knoblauchsalz

Zubereitung
Gewürfelte Zwiebeln in geschmolzener Margarine glasig dünsten. In Scheiben geschnittene Möhren und Porree kurz mit andünsten. Mit 500–750 ml Wasser ablöschen, Brühe einrühren und alles 20 Minuten garen. Anschließend das Kartoffelpüreepulver einrühren. Die Suppe mit den Gewürzen abschmecken. Magerquark mit feingeschnittenem Schnittlauch verrühren und mit Knoblauchsalz abschmecken.
Quark als Haube auf der Suppe servieren.

Nährwerte pro Portion: 322 kcal/1346 kJ; 20,9 g Eiweiß; 5,6 g Fett; 44,5 g Kohlenhydrate; 3,7 BE
Austausch pro Portion: 3 Gemüse; 1 Fett; 10 kcal »auf Wunsch«; 1 Kartoffel; 1 Milch

Käsecremesuppe

Für 1 Portion
100 g Porree, geputzt
1 TL Margarine
1 TL Mehl
¼ l Instantbrühe (aus 1 kleinen Brühwürfel)
60 g geriebener Emmentaler (45% i. Tr.)
Currypulver
etwas Streuwürze
30 g Toastbrot

Zubereitung
Porree in feine Scheiben schneiden. Margarine in einem Topf erhitzen, Porree darin andünsten, das Mehl darüber stäuben und unter Rühren mit der Brühe ablöschen. Kurz durchkochen, dann den Käse einstreuen. Die Suppe pikant mit Curry und Streuwürze abschmecken und sofort servieren.
Dazu das getoastete Brot reichen.

Nährwerte pro Portion: 428 kcal/1787 kJ; 23,7 g Eiweiß; 23,0 g Fett; 26,4 g Kohlenhydrate; 2,2 BE
Austausch pro Portion: 1 Gemüse; 1 Fett; 2 Eiweiß; 1 Getreideerzeugnis; 20 kcal »auf Wunsch«

Porreesuppe mit Käse

Für 2 Portionen
2 TL Margarine
100 g Knollensellerie, geputzt
200 g Porree, geputzt
20 g Mehl
2 kleine Brühwürfel
70 g Schlagsahne
60 g geriebener Käse (45% Fett i. Tr.)
Petersilie

Zubereitung
Margarine in einem Topf schmelzen, gewürfelten Sellerie und in Ringe geschnittenen Porree darin andünsten. Mehl darüberstäuben, umrühren und ca. 500 ml Wasser aufgießen. Brühwürfel zugeben und das Gemüse 20 Minuten bei kleiner Hitze garen. Anschließend im Topf pürieren und die Sahne unterrühren. Geriebenen Käse in der Suppe schmelzen lassen und mit feingehackter Petersilie bestreut servieren.

Nährwerte pro Portion: 375 kcal/1569 kJ; 14,8 g Eiweiß; 25,0 g Fett; 19,3 g Kohlenhydrate; 1,6 BE
Austausch pro Portion: 1 Fett; 1½ Gemüse; ½ Getreideerzeugnis; 110 kcal »auf Wunsch«; 1 Eiweiß

Spinatsuppe

Für 4 Portionen
100 g Zwiebeln
2 TL Öl oder Margarine
1½ l Wasser
⅛ l trockener Weißwein
4 kleine Brühwürfel
500 g Spinat (tiefgefroren)
Salz, Cayennepfeffer
Muskatnuß
35 g Schlagsahne
eventuell Nestargel oder Biobin zum Binden

Zubereitung
Zwiebeln in kleine Würfel schneiden. Fett in einem hohen Topf erhitzen, Zwiebelwürfel darin andünsten, mit Wasser und Wein ablöschen und die Brühwürfel darin auflösen. Spinat zufügen und alles unter gelegentlichem Umrühren kochen lassen. Sobald der Spinat gar ist, die Suppe mit den Gewürzen abschmecken und die Sahne unterrühren. Die Suppe nach Geschmack mit Nestargel andicken.

Nährwerte pro Portion: 116 kcal/486 kJ; 4,3 g Eiweiß; 5,3 g Fett; 5,4 g Kohlenhydrate; 0,5 BE
Austausch pro Portion: 1½ Gemüse; ½ Fett; 60 kcal »auf Wunsch«

Kartoffel-Weißkohl-Eintopf

Für 2 Portionen
2 TL Öl
50 g Zwiebel, geschält
500 g Weißkohl, geputzt
200 g Kartoffeln, geschält
250 g Tomaten, überbrüht und geschält
2 TL Instantbrühe
1 EL Tomatenmark

Zubereitung
Öl auf den Boden eines hohen Topfes geben, darauf abwechselnd gewürfelte Zwiebel, fein gehobelten Kohl, gewürfelte Kartoffeln und in Scheiben geschnittene Tomaten schichten. Brühe mit ¼ Liter Wasser und Tomatenmark verrühren, über das Gemüse gießen. Topf zudecken und das Gemüse ohne umzurühren in ca. 30 Minuten bei kleiner Hitze garen.

Nährwerte pro Portion: 243 kcal/1017 kJ; 8,3 g Eiweiß; 6,3 g Fett; 36,4 g Kohlenhydrate; 3,0 BE
Austausch pro Portion: 1 Fett; 4 Gemüse; 1 Kartoffel; 15 kcal »auf Wunsch«

Petersilienkartoffeln

Für 1 Portion
200 g neue Kartoffeln
3 TL Margarine
4 TL Mehl
200 ml Milch (1,5% Fett)
Salz, Pfeffer
1 Bund glatte Petersilie, gehackt

Zubereitung
Kartoffeln in wenig Wasser garen, abgießen und pellen. Margarine schmelzen, Mehl darin leicht anschwitzen. Nach und nach die Milch unter Rühren angießen. Mit Salz und Pfeffer würzen. Petersilie unterziehen. Sauce nochmal kurz aufwallen lassen und zu den Kartoffeln servieren.
Man kann die Kartoffeln auch in dickere Scheiben schneiden und mit der Sauce vermischen.

Nährwerte pro Portion: 460 kcal/1922 kJ; 13,0 g Eiweiß; 15,7 g Fett; 61,3 g Kohlenhydrate; 5,1 BE
Austausch pro Portion: 2 Kartoffeln; 3 Fett; 1 Milch; 40 kcal »auf Wunsch«

»Himmel und Erde«

Für 1 Portion
200 g Kartoffeln
Salz
125 g Apfel, geschält und entkernt
Zitronensaft
1 TL Zucker
etwas Zimt
50 ml Milch (1,5% Fett)

Zubereitung
Kartoffeln schälen und in Salzwasser garkochen. Inzwischen Apfel in feine Würfel schneiden und in wenig Zitronensaft weich kochen. Mit Zucker und Zimt abschmecken. Abgegossene Kartoffeln zerstampfen und mit heißer Milch verrühren. Das Apfelkompott unter das Püree mischen. Himmel und Erde schmeckt für sich oder als Beilage zu gebratenem Fisch.

Nährwerte pro Portion: 287 kcal/1199 kJ; 6,2 g Eiweiß; 1,5 g Fett; 60,1 g Kohlenhydrate; 5,0 BE
Austausch pro Portion: 2 Kartoffeln; ¼ Milch; 1 Obst; 20 kcal »auf Wunsch«

Möhren mit Käse gratiniert

Für 2 Portionen
500 g junge Möhren, geputzt
1 TL Instantbrühe
60 g Edamer (45% Fett i. Tr.)

Zubereitung
Möhren im Ganzen in ⅛–¼ Liter Wasser mit Instantbrühe garkochen. Anschließend mit etwas Kochflüssigkeit in eine feuerfeste Form geben. Geriebenen Edamer darüber streuen. Möhren unter dem vorgeheizten Grill kurz überbacken, bis der Käse geschmolzen und leicht goldgelb ist.

Nährwerte pro Portion: 223 kcal/932 kJ; 10,5 g Eiweiß; 9,2 g Fett; 23,0 g Kohlenhydrate; 1,9 BE
Austausch pro Portion: 2½ Gemüse; 1 Eiweiß; 5 kcal »auf Wunsch«

Saure Kartoffelrädle

Für 4 Portionen
400 g Kartoffeln, geschält
Salz
4 TL Margarine
2 EL Mehl
¾ l Instantbrühe (aus 3 kleinen Würfeln)
40 g Zwiebel
1 Lorbeerblatt
4 weiße Pfefferkörner
2 Nelken
4 Wacholderbeeren
2–3 EL Weinessig
⅛ l trockener Weißwein

Zubereitung
Kartoffeln in gleichmäßige Scheiben schneiden und in Salzwasser 15 Minuten kochen. Dann abgießen und beiseite stellen.
Inzwischen die Margarine in einem Topf erhitzen, das Mehl zufügen und hell anschwitzen. Unter ständigem Rühren mit der Brühe ablöschen. Die Brühe zum Kochen bringen und die in große Stücke geschnittene Zwiebel, Lorbeerblatt, Pfefferkörner, Nelken und Wacholderbeeren sowie etwas Salz zugeben und alles etwa 30 Minuten kochen lassen. Brühe durch ein Sieb in einen anderen Topf gießen. Erneut erhitzen, dann die Kartoffelscheiben darin 5–10 Minuten ziehen lassen. Pikant mit Essig und Wein abschmecken und das Gericht sofort servieren.

Nährwerte pro Portion: 168 kcal/703 kJ; 3,4 g Eiweiß; 4,5 g Fett; 21,5 g Kohlenhydrate; 1,8 BE
Austausch pro Portion: 1 stärkehaltiges Erzeugnis; 1 Fett; ⅒ Gemüse; 47,5 kcal »auf Wunsch«

Gestoovte Schnippelbohnen

Für 4 Portionen
800 g grüne Bohnen
1 Zweig Bohnenkaut
Salz
4 TL Margarine
4 TL Mehl
¼ l Milch (0,3% Fett)
Salz, Pfeffer
1 Bund Petersilie

Zubereitung
Bohnen putzen, schräg schnippeln und zusammen mit Bohnenkraut in reichlich Salzwasser ca. 15 Minuten garen, dann abgießen.
Die Margarine in einem Topf erhitzen, Mehl darin anschwitzen und unter Rühren mit dem Schneebesen die Milch einrühren. Kräftig durchkochen, dabei ständig rühren. Dann mit Salz und Pfeffer abschmecken. Schnippelbohnen in die Sauce geben, nochmals kurz aufkochen und das Gemüse mit reichlich gehackter Petersilie bestreut anrichten.
Zu Schnippelbohnen passen zarte Matjesfilets oder gekochtes Rindfleisch.
Zusammen mit Salzkartoffeln ergeben sie ein vegetarisches Essen.

Nährwerte pro Portion: 146 kcal/612 kJ; 7,5 g Eiweiß; 4,6 g Fett; 16,9 g Kohlenhydrate; 1,4 BE
Austausch pro Portion: 2 Gemüse; 1 Fett; ¼ Milch; 10 kcal »auf Wunsch«

Dill-Möhren

Für 2 Portionen
300 g Möhren, geputzt
1 TL Zitronensaft
Salz
1 TL frischer Dill

Zubereitung
Möhren in Scheiben schneiden. ⅛ Liter Wasser mit Zitronensaft und Salz aufkochen und die Möhrenscheiben darin garkochen. Möhren abgießen und mit gehacktem Dill bestreut servieren.

Nährwerte pro Portion: 62 kcal/257 kJ; 1,5 g Eiweiß; 0,3 g Fett; 13,1 g Kohlenhydrate; 1,1 BE
Austausch pro Portion: 1½ Gemüse

Offenburger Sauerkraut

Für 4 Portionen
100 g Zwiebeln
250 g Äpfel
4 TL Öl
500 g Sauerkaut
1 Knoblauchzehe
5 Wacholderbeeren
½ TL Kümmel
⅜ l trockener Weißwein
150 g Weintrauben, entkernt

Zubereitung
Zwiebeln und entkernte Äpfel in Scheiben schneiden. Öl in einem Topf erhitzen, Zwiebeln und Äpfel darin andünsten. Dann das etwas zerpflückte Sauerkraut zufügen und ebenfalls kurz andünsten. Feingehackten Knoblauch, Wacholderbeeren und Kümmel sowie den Wein in den Topf geben. Topf zudekken und das Sauerkraut bei schwacher Hitze ca. 1–1¼ Stunden garen. Kurz vor Ende der Garzeit die halbierten Weintrauben in das Kraut geben und noch kurz mit erhitzen.

Nährwerte pro Portion: 220 kcal/918 kJ; 2,8 g Eiweiß; 5,8 g Fett; 21,7 g Kohlenhydrate; 1,8 BE
Austausch pro Portion: 1 Obst; 1½ Gemüse; 1 Fett; 77,5 kcal »auf Wunsch«

Stemmelkost

Für 4 Portionen
1000 g junge kleine Möhren
½ l Instantbrühe (aus 2 kleinen Brühwürfeln)
1 Ei
4 TL Mehl
Salz, Pfeffer
geriebene Muskatnuß
4 TL Öl

Zubereitung
Die Möhren schälen oder schaben und im Ganzen in der Brühe ca. 20 Minuten garen. Anschließend abtropfen lassen und zerstampfen bzw. mit dem Pürierstab pürieren. Püree abkühlen lassen.
Dann mit Ei, Mehl und den Gewürzen zu einem festen Teig verkneten. Aus dem Teig kleine runde Plätzchen formen. Öl in einer beschichteten Pfanne erhitzen und die Plätzchen darin auf beiden Seiten knusprig braten.

Nährwerte pro Portion: 196 kcal/819 kJ; 5,4 g Eiweiß; 7,3 g Fett; 25,7 g Kohlenhydrate; 2,1 BE
Austausch pro Portion: 2½ Gemüse; ¼ Eiweiß; 1 Fett; 15 kcal »auf Wunsch«

Stielmus oder »Röbstill«

Für 4 Portionen
1000 g Rübenstiele
Salz
8 TL Margarine
40 g Mehl
½ l Milch (0,3% Fett)
weißer Pfeffer
geriebene Muskatnuß

Zubereitung
Blätter von den Rübenstielen abstreifen, die Stengel waschen und in ca. 5 cm lange Stücke schneiden. Stiele in reichlich Salzwasser in ca. 5 Minuten weich kochen, dann abgießen und abtropfen lassen (etwas Kochsud dabei auffangen). Margarine in einem Topf schmelzen, Mehl darin hellgelb anschwitzen, dann unter Rühren die Milch angießen. Sauce kräftig durchkochen (eventuell noch etwas Kochsud angießen) und mit Salz, Pfeffer und Muskat würzen. Rübenstiele in die Sauce geben und kurz darin ziehen und heiß werden lassen.
Stielmus mit Salzkartoffeln servieren.

Nährwerte pro Portion: 244 kcal/1021 kJ; 8,0 g Eiweiß; 8,2 g Fett; 28,4 g Kohlenhydrate; 2,4 BE
Austausch pro Portion: 2½ Gemüse; 2 Fett; ½ stärkehaltiges Erzeugnis; ½ Milch

Zwiebelgemüse mit Rosinen

Für 4 Portionen
800 g junge kleine Zwiebeln
4 TL Öl
⅛ l trockener Weißwein
⅛ l Instantbrühe (aus ½ Brühwürfel)
20 g Rosinen, gewaschen
Salz, Pfeffer
20 g Paniermehl

Zubereitung
Zwiebeln schälen und halbieren. Öl in einem Topf erhitzen und die Zwiebelhälften darin andünsten. Mit Wein und Instantbrühe ablöschen. Dann die Rosinen zufügen und das Ganze ca. 15 Minuten dünsten lassen. Anschließend mit Salz und Pfeffer würzen und das Gemüse mit dem Paniermehl binden. Alles nochmals kurz aufkochen lassen. Dann sofort servieren.
Besonders fein schmeckt dieses Gemüse, wenn Sie anstelle von normalen Zwiebeln Schalotten verwenden.

Nährwerte pro Portion: 191 kcal/798 kJ; 3,5 g Eiweiß; 5,6 Fett; 26,0 g Kohlenhydrate; 2,2 BE
Austausch pro Portion: 2 Gemüse; 1 Fett; ¼ Obst; ¼ Brot; 26 kcal »auf Wunsch«

»Arme Ritter«

Für 1 Portion
1 Ei
Zimt nach Geschmack
1 TL Zucker
30 g Toastbrot
für 20 kcal kalorienarme Konfitüre

Zubereitung
Ei mit Zimt und Zucker verquirlen. Toastbrot darin einweichen. Eine beschichtete Pfanne heiß werden lassen und das Toastbrot auf beiden Seiten darin goldgelb backen.
Mit Konfitüre bestrichen sofort servieren.

Nährwerte pro Portion: 213 kcal/888 kJ; 9,8 g Eiweiß; 6,7 g Fett; 25,3 g Kohlenhydrate; 2,1 BE
Austausch pro Portion: 1 Eiweiß; 1 Brot; 40 kcal »auf Wunsch«

Quark-Puffer

Für 1 Portion
250 g Magerquark
2 Eier
10 g Mehl
etwas Zitronensaft
Süßstoff nach Geschmack
1 TL Öl

Zubereitung
Quark, sofern er nicht ganz trocken ist, etwas ausdrücken. Dann mit den Eiern, Mehl, Zitronensaft und Süßstoff gut verrühren.
Eine beschichtete Pfanne mit dem Öl auspinseln und mit einem Eßlöffel portionsweise die Quarkmasse hineingeben und etwas flachdrücken. Puffer auf beiden Seiten bei kleiner Hitze goldbraun braten. Die fertigen Puffer sofort anrichten. Dazu Apfelkompott servieren.

Nährwerte pro Portion: 466 kcal/1948 kJ; 49,5 g Eiweiß; 18,5 g Fett; 18,5 g Kohlenhydrate; 1,5 BE
Austausch pro Portion: 1 Milch; 4 Eiweiß; ½ Getreideerzeugnis; 1 Fett

Sächsische Quarkkeulchen

Für 2 Portionen
200 g Kartoffeln, in der Schale gekocht
100 g Magerquark
40 g Mehl
1 Ei
abgeriebene Schale einer ¼ Zitrone
1 Prise Salz
Süßstoff nach Geschmack
2 TL Margarine oder Öl

Zubereitung
Kartoffeln erkalten lassen, schälen und reiben. Den Quark durch ein Sieb streichen, dann mit den Kartoffeln, Mehl, Ei, Zitronenschale, Salz und Süßstoff vermischen. Fett in einer beschichteten Pfanne erhitzen, aus dem Teig zwei Keulchen formen und im Fett rundum goldbraun braten.
Sofort servieren. Dazu schmeckt ein frisches Obstkompott.

Nährwerte pro Portion: 285 kcal/1190 kJ; 14,6 g Eiweiß; 7,6 g Fett; 35,6 g Kohlenhydrate; 3 BE
Austausch pro Portion: 2 Getreideerzeugnis; ½ Milch; ½ Eiweiß; 1 Fett

Badischer Kerscheplotzer

Für 4 Portionen
120 g altbackenes Milchbrötchen
200 ml Milch (1,5% Fett)
4 TL Butter
Süßstoff nach Geschmack
4 Eier, getrennt
abgeriebene Schale 1 Zitrone
400 g Sauerkirschen, entsteint
Zimt

Zubereitung
Brötchen in dünne Scheiben schneiden, mit der lauwarmen Milch übergießen und ziehen lassen. Butter mit Süßstoff, Eigelb und Zitronenschale schaumig rühren, dann mit den Brötchen und der Milch gut vermengen. Kirschen zugeben und zum Schluß das schnittfest geschlagene Eiweiß unterheben.
Eine feuerfeste Auflaufform mit Backtrennpapier auskleiden. Teig einfüllen und mit Zimt bestreuen. Kerscheplotzer im vorgeheizten Backofen bei 200 °C auf der mittleren Schiene 30–40 Minuten backen.
Heiß servieren.

Nährwerte pro Portion: 300 kcal/1254 kJ; 12,6 g Eiweiß; 12,4 g Fett; 31,1 g Kohlenhydrate; 2,6 BE
Austausch pro Portion: 1 Getreideerzeugnis; ¼ Milch; 1 Fett; 1 Eiweiß; 1 Obst

Schrotbrötchen Holsteiner Art

Für 15 Portionen
125 g Roggenmehl (Type 1800)
325 g Weizenmehl (Type 405)
3 TL Trockenhefe
1 TL Zucker
1 TL Salz
ca. ¼ l lauwarmes Wasser
5 TL Kondensmilch (4% Fett)

Zubereitung
Beide Mehlsorten mit Hefe, Zucker und Salz mischen. Nach und nach das Wasser angießen und alles zu einem geschmeidigen Teig verkneten. Teig zudecken und an einem warmen Ort ca. 30 Minuten gehen lassen, bis sich das Volumen verdoppelt hat. Dann auf einer Arbeitsfläche zu einer Rolle formen und in 15 Stücke teilen. Stücke zu runden Brötchen formen und auf ein mit Backtrennpapier ausgelegtes Blech legen. Nochmal ca. 15 Minuten zugedeckt gehen lassen. Oberfläche der Brötchen mit einem Messer kreuzweise einschneiden und im vorgeheizten Ofen bei 200 °C etwa 30 Minuten backen.
10 Minuten vor Ende der Backzeit die Brötchen mit Kondensmilch einpinseln.

Nährwerte pro Portion: 114 kcal/475 kJ; 3,5 g Eiweiß; 0,4 g Fett; 22,4 g Kohlenhydrate; 1,9 BE
Austausch pro Portion: 1½ Getreideerzeugnisse; 5 kcal »auf Wunsch«

Herzhafte Gerichte mit Fisch und Fleisch

Fischsuppe Nordsee (Foto Seite 173)

Für 4 Portionen
240 g Schollenfilet (eventuell Tiefkühlware/Rohgewicht)
120 g Muscheln (im eigenen Saft konserviert)
120 g Krabben (Konserve)
Salz, Pfeffer
Zitronensaft
Dill
Sud:
50 g Zwiebel, geschält
100 g Porree, geputzt
4 TL Margarine
100 g Möhren, geputzt
4 kleine Brühwürfel
¼ l herber Weißwein
1 Lorbeerblatt

Zubereitung
Für den Sud die gewürfelte Zwiebel und den in Ringe geschnittenen Porree in erhitzter Margarine andünsten. Gewürfelte Möhren zufügen, kurz andünsten, dann 750 ml Wasser und Wein angießen. Brühwürfel und Lorbeerblatt zugeben. Den Sud kurz aufkochen, dann die Hitze reduzieren. Schollenfilets säubern, in Würfel schneiden, in den Sud geben und in ca. 10–15 Minuten garziehen lassen. Abgetropfte Muscheln und Krabben in die Suppe geben und kurz erwärmen. Die Fischsuppe mit den Gewürzen und Zitronensaft abschmecken und mit gehacktem Dill bestreut servieren.

Nährwerte pro Portion: 217 kcal/908 kJ; 21,1 g Eiweiß; 5,9 g Fett; 6,4 g Kohlenhydrate; 0,5 BE
Austausch pro Portion: 60 g Gemüse; 1 Fett; 3½ Eiweiß; 70 kcal »auf Wunsch«

Kartoffelsuppe Husum

Für 1 Portion
200 g Kartoffeln, geschält
100 g Möhren, geputzt
100 g Porree, geputzt
2 TL Instantbrühe
120 g Krabbenfleisch
Salz, Pfeffer
Dill, Petersilie

Zubereitung
Kartoffeln würfeln, Möhren und Porree in Scheiben schneiden. Gemüse in 250 ml Wasser mit der Brühe in ca. 20 Minuten garkochen. Anschließend das Gemüse im Topf pürieren. Krabbenfleisch in der heißen Suppe erwärmen, mit Salz und Pfeffer würzen und mit den gehackten Kräutern bestreut anrichten.

Nährwerte pro Portion: 387 kcal/1618 kJ; 32,0 g Eiweiß; 3,3 g Fett; 52,3 g Kohlenhydrate; 4,4 BE
Austausch pro Portion: 2 Kartoffeln; 2 Gemüse; 4 Eiweiß; 20 kcal »auf Wunsch«

Hamburger Krabbensuppe

Für 2 Portionen
800 g Krabben (Gewicht mit Schale)
1 Bund Suppengrün, fein geschnitten
4 TL Butter
1 l Wasser
4 kleine Brühwürfel
4 TL Mehl
250 g Spargelabschnitte (aus der Dose)
70 g Schlagsahne
Salz
1 Hauch Cayennepfeffer

Zubereitung
Krabben aus der Schale pulen, 240 g Krabbenfleisch abwiegen und beiseite stellen.
Krabbenschalen waschen, abtropfen lassen und im Mörser zerstoßen. Butter in einem Topf schmelzen lassen, zerstoßene Krabbenschalen und Suppengrün darin kräftig anrösten. Mehl darüber stäuben, ordentlich anschwitzen, die Hälfte Wasser angießen und zwei Brühwürfel zufügen. Gut durchrühren und das ganze 1 Stunde bei milder Hitze köcheln lassen.
Suppe durch ein Sieb gießen, Rückstände gut durchpressen. Wieder in den Topf geben, restliches Wasser, restliche Brühwürfel und die Spargelabschnitte dazugeben. Die Suppe nochmals gut erhitzen, dann Sahne unterziehen und mit Salz und Cayennepfeffer abschmecken.
Kurz vor dem Servieren das Krabbenfleisch in der Suppe erwärmen, dann in einer vorgewärmten Terrine auftragen.

Nährwerte pro Portion: 406 kcal/1696 kJ; 33,7 g Eiweiß; 22,3 g Fett; 12,5 g Kohlenhydrate; 1 BE
Austausch pro Portion: 4 Eiweiß; 2 Fett; 2 Gemüse; 140 kcal »auf Wunsch«

Rollmöpse (Foto rechte Seite)

Für 1 Portion
120 g Bismarckheringe
50 g eingelegte Gewürzgurke
30 g Zwiebel, geschält

Zubereitung
Bismarckheringe längs halbieren.
Gewürzgurke und Zwiebel in Streifen schneiden und auf die Heringe geben, die Heringe aufrollen und mit Holzstäbchen zusammenstecken.

Nährwerte pro Portion: 288 kcal/1206 kJ; 20,5 g Eiweiß; 19,4 g Fett; 3,5 g Kohlenhydrate; 0,3 BE
Austausch pro Portion: 4 Eiweiß; 80 g Gemüse

Fischsuppe Nordsee (Rezept Seite 171) und Rollmöpse (Rezept diese Seite)
Seite 174: *Kasseler mit Grünkohl und Zuckerkartoffeln (Rezept Seite 187)*

Krabbensalat Hein Godewind

Für 2 Portionen
100 g Ananas (Konserve ohne Zucker)
120 g Krabbenfleisch
150 g Spargelabschnitte (Konserve)
150 g Champignons (Konserve)
Sauce:
2 EL Ananassaft (ohne Zucker)
1 EL Mayonnaise (50% Fett)
Pfeffer, Salz
Currypulver
Dill zum Garnieren

Zubereitung
Ananas in Stücke schneiden und mit Krabbenfleisch, abgetropften Spargelabschnitten und Champignons mischen. Alle Zutaten für die Sauce verrühren, über die Salatzutaten gießen und unterziehen. Den Salat etwas durchziehen lassen und mit Dill garniert servieren.

Nährwerte pro Portion: 157 kcal/656 kJ; 14,6 g Eiweiß; 5,4 g Fett; 10,9 g Kohlenhydrate; 0,9 BE
Austausch pro Portion: ½ Obst; 2 Eiweiß; 1½ Gemüse; 1 Fett

Matjes mit Specksauce und Pellkartoffeln

Für 4 Portionen
4 Matjesfilets à 90 g
½ l Mineralwasser
120 g sehr magerer roher Schinken
200 g Zwiebeln
20 g Mehl
¼ l Wasser
¼ l Milch (0,3% Fett)
Süßstoff
Salz, schwarzer Pfeffer
Beilage:
400 g Pellkartoffeln

Zubereitung
Gesäuberte, entgrätete Matjesfilets für ca. 1–2 Stunden in Mineralwasser wässern.
Inzwischen Schinken und Zwiebeln fein würfeln. Schinkenwürfel in einer beschichteten Pfanne anbraten, Zwiebeln zugeben und glasig werden lassen. Mehl darüber stäuben und hellgelb anschwitzen. Dann unter Rühren das mit Milch vermischte Wasser angießen. Sauce kräftig aufkochen lassen.
Die abgetropften Matjesfilets auf Tellern anrichten, Pellkartoffeln und die heiße Sauce dazu servieren.

Nährwerte pro Portion: 525 kcal/2194 kJ; 25,2 g Eiweiß; 30,7 g Fett; 30 g Kohlenhydrate; 2,5 BE
Austausch pro Portion: 4 Eiweiß; ½ Gemüse; 1¼ Getreideerzeugnisse; ¼ Milch

Bayrischer Salat und
Mainzer Handkäs mit Musik (Rezepte Seite 162)
Seite 175: *Fruchtomelett (Rezept Seite 196)*

Matjes in Curry-Rahm-Sauce

Für 1 Portion
90 g Matjesfilets, gewässert
50 g Zwiebel, geschält
Sauce:
100 g Magerquark
3 EL saure Sahne
4 TL Kondensmilch (4% Fett)
1 TL Curry
Salz, Pfeffer

Zubereitung
Für die Sauce alle Zutaten zu einer lockeren Creme aufschlagen.
Matjesfilets auf einem Teller anrichten und mit der in Ringe geschnittenen Zwiebel bedecken. Die Sauce über das Filet geben.

Nährwerte pro Portion: 431 kcal/1803 kJ; 31,2 g Eiweiß; 26 g Fett; 12,6 g Kohlenhydrate; 1,1 BE
Austausch pro Portion: 3 Eiweiß; ½ Gemüse; 1 Milch; 120 kcal »auf Wunsch«

Matjes mit Bohnen

Für 2 Portionen
300 g grüne Bohnen (Konserve)
2 TL Margarine
2 TL Mehl
Bohnenkraut
Salz
180 g Matjesfilet, gewässert

Zubereitung
Bohnen mit etwas Dosenflüssigkeit erhitzen. Margarine und Mehl verkneten und zu den Bohnen geben. Gut durchrühren, mit Bohnenkraut und Salz würzen.
Das Gemüse zum Matjesfilet servieren.

Nährwerte pro Portion: 347 kcal/1452 kJ; 16,8 g Eiweiß; 24,6 g Fett; 10,0 g Kohlenhydrate; 0,8 BE
Austausch pro Portion: 1½ Gemüse; 1 Fett; 3 Eiweiß; 10 kcal »auf Wunsch«

Matjes-Rindfleisch-Salat

Für 4 Portionen
180 g Matjesfilet, gewässert
30 g Zwiebel, geschält
240 g Rindfleisch, gekocht
100 g Gewürzgurke
125 g Apfel, geschält und entkernt
200 g Kartoffeln, gekocht und gepellt
Sauce:
6 TL Mayonnaise (50% Fett)
200 g Joghurt (0,3% Fett)
gemischte Kräuter (eventuell Tiefkühlware)
Salz, Pfeffer

Zubereitung
Matjesfilet, Zwiebel, Rindfleisch, Gurke, Apfel und Kartoffeln in möglichst gleich große Würfel schneiden und in einer Schüssel mischen.
Alle Zutaten für die Sauce verrühren, unter die Salatzutaten heben und den Salat gut durchziehen lassen.

Nährwerte pro Portion: 359 kcal/1500 kJ; 27,9 g Eiweiß; 17,6 g Fett; 17,0 g Kohlenhydrate; 1,4 BE
Austausch pro Portion: 3½ Eiweiß; 40 g Gemüse; ¼ Obst; ½ Kartoffel; 1 Fett; ¼ Milch

Geeiste Matjesfilets mit Meerrettichsahne

Für 2 Portionen
180 g Matjesfilets, gewässert
zerstoßenes Eis
200 g Tomaten
50 g Zwiebel, geschält
70 g Schlagsahne
1 TL geriebener Merrettich

Zubereitung
Matjesfilets auf dem Eis anrichten. Mit in Scheiben geschnittenen Tomaten und in Ringe geschnittener Zwiebel belegen. Schlagsahne steifschlagen, mit Meerrettich abschmecken und zum Fisch servieren.

Nährwerte pro Portion: 399 kcal/1670 kJ; 16,6 g Eiweiß; 31,7 g Fett; 7,3 g Kohlenhydrate; 0,6 BE
Austausch pro Portion: 3 Eiweiß; 1¼ Gemüse; 100 kcal »auf Wunsch«

Rote Bete-Salat mit Matjes und Quarkcreme

Für 4 Portionen
400 g Rote Bete, gekocht und geschält
250 g Äpfel, geschält und entkernt
400 g Kartoffeln, gekocht und geschält
100 g Gewürzgurke
4 Matjesfilets à 90 g
4 Salatblätter, gewaschen
Quarkcreme:
200 g Magerquark
100 g saure Sahne
Salz, frisch gemahlener Pfeffer
1 EL geriebener Meerrettich

Zubereitung
Rote Bete, Äpfel, Kartoffeln, Gewürzgurke und Matjesfilet in kleine Würfel schneiden und in einer Schüssel vermengen. Vier Teller mit den Salatblättern auslegen und die Salatzutaten darauf anrichten.
Für die Creme Magerquark mit Sahne verrühren, mit Salz, Pfeffer und Meerrettich pikant abschmecken.
Sollte die Creme zu fest sein, etwas Mineralwasser zufügen. Quarkcreme auf die Teller verteilen und den Salat servieren.

Nährwerte pro Portion: 486 kcal/2032 kJ; 25,3 g Eiweiß; 23,4 g Fett; 35,7 g Kohlenhydrate; 3 BE
Austausch pro Portion: 1¼ Gemüse; ½ Obst; 1 stärkehaltiges Erzeugnis; 3 Eiweiß; ½ Milch; 50 kcal »auf Wunsch«

Büsumer Spargelgericht

Für 2 Portionen
500 g Spargel, geschält
Salz
1 EL Zitronensaft
1 EL Öl
Pfeffer
Süßstoff
180 g Krabben
6 EL saure Sahne
Dill
Petersilie

Zubereitung
Spargel in Salzwasser ca. 20 Minuten garen. Aus Zitronensaft, Öl und Gewürzen eine Marinade bereiten. Den abgetropften Spargel damit begießen und kühlstellen. Anschließend Krabben darauf verteilen. Saure Sahne mit feingewiegten Kräutern verrühren. Pikant abschmecken und über Krabben und Spargel geben.

Nährwerte pro Portion: 260 kcal/1088 kJ; 22,8 g Eiweiß; 13,6 g Fett; 9,1 g Kohlenhydrate; 0,8 BE
Austausch pro Portion: 2½ Gemüse; 1½ Fett; 3 Eiweiß; 100 kcal »auf Wunsch«

Bücklingspfannkuchen

Für 4 Portionen
4 Eier
1 TL Salz
120 g Mehl
1 Messerspitze Backpulver
¼ l Milch (0,3% Fett)
4 Bücklinge à 150 g (Rohgewicht mit Haut und Gräten)
4 TL Butter
1 Bund Schnittlauch, gehackt

Zubereitung
Aus Eiern, Salz, Mehl, Backpulver und Milch einen glatten Pfannkuchenteig herstellen. Teig etwas ruhen lassen. Inzwischen die Bücklinge enthäuten, entgräten und in einzelne Filets teilen.
1 Teelöffel Butter in einer beschichteten Pfanne schmelzen lassen, dann ein Viertel des Pfannkuchenteigs einfüllen und verteilen. Bücklingsfilet darauflegen. Sobald die Unterseite des Pfannkuchens hellbraun ist, auf die andere Seite wenden und ebenfalls hellbraun braten. Fertigen Pfannkuchen auf einer Platte im warmen Ofen warmhalten. Aus den restlichen Zutaten drei weitere Pfannkuchen backen.
Die fertigen Pfannkuchen sofort mit Schnittlauch bestreut servieren.

Nährwerte pro Portion: 517 kcal/2160 kJ; 39,9 g Eiweiß; 24,6 Fett; 25,6 g Kohlenhydrate; 2,1 BE
Austausch pro Portion: 4 Eiweiß; 1½ Getreideerzeugnisse; ¼ Milch; 1 Fett

Dorsch mit Senfsauce

Für 4 Portionen
840 g Dorsch (Rohgewicht mit Haut und Gräten)
2 EL Salz
⅛ l Weinessig
1 EL Pfefferkörner
1 Lorbeerblatt
1 TL Senfkörner
1 Zwiebel (ca. 40 g)
Senfsauce:
8 TL Margarine
40 g Mehl
½ l Milch (0,3% Fett)
150 g mittelscharfer Senf
etwas Süßstoff
1 TL gekörnte Brühe

Zubereitung
Dorsch gründlich säubern. 1 Liter Wasser mit Salz, Essig, Pfefferkörner, Lorbeerblatt, Senfkörnern und der zerkleinerten Zwiebel aufkochen. Hitze reduzieren und den Fisch in den Sud legen. 20 Minuten darin ziehen lassen (der Sud sollte nicht kochen). Fisch herausnehmen und auf einer vorgewärmten Platte warmhalten.
Während der Fisch gart, für die Sauce die Margarine in einem Topf schmelzen, das Mehl darin anschwitzen, dann nach und nach unter ständigem Rühren die Milch angießen (eventuell noch etwas von dem Fischsud).
Sauce gut durchkochen, dann Senf einrühren. Sauce nochmals aufwallen lassen und mit Süßstoff und gekörnter Brühe abschmecken.
Den angerichteten Fisch mit etwas Sauce beträufeln, restliche Sauce getrennt dazu reichen.
Als Beilage passen Petersilienkartoffel und grüner Salat.

Nährwerte pro Portion: 287 kcal/1198 kJ; 32,5 g Eiwweiß; 9,0 g Fett; 14,4 g Kohlenhydrate; 1,2 BE
Austausch pro Portion: 4 Eiweiß; 10 g Gemüse; 2 Fett; ½ Getreideerzeugnis; ½ Milch; 2,5 kcal »auf Wunsch«

Badische Fischröllchen

Für 4 Portionen
480 g Seelachsfilet in 4 dünnen Scheiben (Rohgewicht)
Zitronensaft
Sojasauce
Salz
25 g Zwiebel, geschält
½ Bund Dill
2–4 TL Kapern nach Geschmack
1 TL Senf
1 TL geriebener Meerrettich
2 TL Margarine
⅛ l trockener Weißwein
1½ EL Crème fraîche

Zubereitung
Seelachsfilets säubern und mit Zitronensaft beträufeln. Etwas einziehen lassen, dann mit Sojasauce bestreichen und leicht salzen. Zwiebel, Dill und Kapern hacken, mit Senf und Meerrettich verrühren. Die Masse auf die Fischfilets streichen. Filets aufrollen. Margarine in einer beschichteten Pfanne schmelzen, Fisch darin anbraten, mit Wein ablöschen und 10–15 Minuten garen. Die Fischröllchen auf vorgewärmten Tellern anrichten.
Crème fraîche in den Fischfond rühren, die Sauce abschmekken und über den angerichteten Fischröllchen verteilen.

Nährwerte pro Portion: 168 kcal/703 kJ; 22,3 g Eiweiß; 4,8 g Fett; 1,0 g Kohlenhydrate; 0,1 BE
Austausch pro Portion: 3 Eiweiß; 1/16 Gemüse; ½ Fett; 50 kcal »auf Wunsch«

Hamburger Fischgulasch

Für 2 Portionen
300 g Rotbarschfilet (Rohgewicht)
etwas Zitronensaft
Salz
2 TL Margarine
100 g Karotten, geschält und gewürfelt
50 g Zwiebel, geschält und gewürfelt
75 g Paprikaschoten, geputzt und gewürfelt
75 g Porree, geputzt und in Scheiben geschnitten
200 g Kartoffeln, geschält und gewürfelt
⅛ l Instantbrühe
Selleriesalz, Pfeffer
Paprikapulver
gehackte Petersilie

Zubereitung
Fischfilet säubern und mit Zitrone beträufeln. Etwas einziehen lassen, dann salzen und in große Würfel schneiden. Margarine in einem Topf erhitzen und die Fischwürfel darin anbraten. Aus dem Topf nehmen und beiseite stellen. Die vorbereiteten Gemüse in den Topf geben, kurz andünsten, dann die Brühe angießen. Das Gemüse ca. 20 Minuten bei geringer Hitze garen. Die letzten 5 Minuten die Fischwürfel zum Gemüse geben und mitgaren.
Das Gulasch pikant mit den Gewürzen abschmecken und sofort mit Petersilie bestreut servieren.

Nährwerte pro Portion: 378 kcal/1581 kJ; 32,3 g Eiweiß; 10,0 g Fett; 34,3 g Kohlenhydrate; 2,9 BE
Austausch pro Portion: 4 Eiweiß; 1 Fett; 1½ Gemüse; 1 stärkehaltiges Erzeugnis; 2,5 kcal »auf Wunsch«

Fischauflauf Helgoland

Für 2 Portionen
150 g Seelachsfilet (Rohgewicht)
Zitronensaft
Salz, Pfeffer
25 g Zwiebel, geschält
2 EL trockener Weißwein
120 g Banane, geschält
50 g Gewürzgurke
3 EL Crème fraîche
60 g geriebener Käse (45% Fett i. Tr.)

Zubereitung
Seelachsfilet säubern, mit Zitronensaft beträufeln, salzen und pfeffern. Fisch in eine feuerfeste Auflaufform geben. Mit gewürfelter Zwiebel bestreuen und mit Wein begießen. Banane mit einer Gabel zermusen, mit der feingewürfelten Gewürzgurke, Crème frâche und Käse verrühren. Diese Masse auf den Fisch streichen. Form in den vorgeheizten Backofen stellen und den Auflauf bei 200 °C ca. 35 Minuten garen.

Nährwerte pro Portion: 338 kcal/1413 kJ; 23,9 g Eiweiß; 16,8 g Fett; 16,9 g Kohlenhydrate; 1,4 BE
Austausch pro Portion: 3 Eiweiß; 30 g Gemüse; 1 Obst; 115 kcal »auf Wunsch«

Seelachsfilet mit Sahnehaube

Für 2 Portionen
300 g Seelachsfilet (Rohgewicht)
Essig
Salz
6 EL saure Sahne
2 TL Zitronensaft
Dill, gehackt
1 TL Zucker

Zubereitung
Fischfilet säubern, mit Essig beträufeln und salzen, dann in wenig Wasser garziehen lassen. Inzwischen saure Sahne mit Zitronensaft und Dill verrühren, mit etwas Salz und Zucker abschmecken.
Gegarten Fisch auf vorgewärmten Tellern anrichten und mit der gewürzten Sahne garnieren.

Nährwerte pro Portion: 196 kcal/821 kJ; 28,8 g Eiweiß; 5,7 g Fett; 4,3 g Kohlenhydrate; 0,4 BE
Austausch pro Portion: 4 Eiweiß; 110 kcal »auf Wunsch«

Kartoffel-Zwiebel-Suppe mit Corned-Beef

Für 1 Portion
100 g Zwiebeln, geschält
200 g Kartoffeln, geschält
1 TL Öl
2 TL Instantbrühe
90 g deutsches Corned-Beef
Rauchsalz, Pfeffer
Majoran
Schnittlauchröllchen

Zubereitung
Zwiebeln und Kartoffeln in Würfel schneiden. Öl erhitzen, Zwiebelwürfel darin glasig dünsten, Kartoffeln und Brühe zugeben und 250 ml Wasser angießen. Gemüse zugedeckt 20 Minuten garen. Anschließend pürieren und das gewürfelte Corned-Beef in der Suppe erwärmen. Mit Rauchsalz, Pfeffer und Majoran würzen und mit Schnittlauch bestreut servieren.

Nährwerte pro Portion: 422 kcal/1764 kJ; 27,2 g Eiweiß; 11,6 g Fett; 46,8 g Kohlenhydrate; 3,9 BE
Austausch pro Portion: 1 Gemüse; 1 Fett; 2 Kartoffeln; 3 Eiweiß; 20 kcal »auf Wunsch«

Nordfriesische Buttermilchsuppe

Für 4 Portionen
240 g magerer roher Schinken
400 g Kochbirnen
40 g Rosinen
½ l Buttermilch
2 EL Mehl
Süßstoff nach Geschmack

Zubereitung
Schinken in Würfel schneiden und mit ½ Liter Wasser bei kleiner Hitze zugedeckt garen. Inzwischen Birnen schälen, vierteln, entkernen und in feine Schnitze teilen. Schinkenwürfel mit einer Schaumkelle aus der Brühe nehmen. Nun Birnen und Rosinen 10 Minuten darin ziehen lassen.
In einem hohen Topf Buttermilch, Mehl und Süßstoff unter ständigem Rühren zum Kochen bringen. Schinkenbrühe mit Birnen und Rosinen dazu schütten und bei geöffnetem Topf 10 Minuten ziehen lassen. Dann die Schinkenwürfel zugeben und mit erwärmen.
Suppe heiß servieren.

Nährwerte pro Portion: 393 kcal/1641 kJ; 16,7 g Eiweiß; 21,0 g Fett; 29,8 Kohlenhydrate; 2,5 BE
Austausch pro Portion: 2 Eiweiß; 1½ Obst; ½ Milch; 15 kcal »auf Wunsch«

Großmutters saure Kartoffelsuppe

Für 2 Portionen
200 g Kartoffeln, geschält
¾ l Wasser
1 Lorbeerblatt
Salz
200 g Zwiebeln, gewürfelt
1 TL Margarine
2 TL Mehl, mit etwas Wasser angerührt
Rauchsalz
Essig
Außerdem:
2 Brühwürstchen à 90 g

Zubereitung
Kartoffeln würfeln und mit Wasser, Salz und Lorbeerblatt garkochen.
Inzwischen die Zwiebelwürfel in der erhitzten Margarine in einer Pfanne leicht bräunen und zur Suppe geben. Zum Schluß das angerührte Mehl unterrühren und die Suppe damit leicht binden. Noch einmal aufkochen lassen, dann kräftig mit Rauchsalz und einem guten Schuß Essig abschmecken.
Die Suppe in Teller füllen und mit je einem erhitzten Brühwürstchen servieren.
Sie können die Brühwürstchen auch klein schneiden und in der Suppe erhitzen.

Nährwerte pro Portion: 426 kcal/1782 kJ; 17,3 g Eiweiß; 23,2 g Fett; 31,8 g Kohlenhydrate; 2,6 BE
Austausch pro Portion: 1 stärkehaltiges Erzeugnis; 1 Gemüse; 1 Fett; 10 kcal »auf Wunsch«; 3 Eiweiß

Sauerkrautsuppe mit Sahne

Für 4 Portionen
500 g Sauerkraut
100 g Zwiebeln
120 g magerer roher Schinken
4 TL Öl
1 l Instantbrühe (aus 4 kleinen Brühwürfeln)
1 Lorbeerblatt
2 Wacholderbeeren
½ TL Kümmel
Rauchsalz
Salz, Pfeffer
1 EL Stärkemehl
100 g saure Sahne

Zubereitung
Sauerkraut etwas zerpflücken, Zwiebeln und Schinkeln würfeln. Öl in einem Topf erhitzen, Zwiebeln und Schinken darin leicht anbraten, dann Sauerkraut zugeben, umrühren und die Brühe angießen. Lorbeerblatt, Wacholder und Kümmel zufügen und die Suppe bei milder Hitze ca. 20 Minuten kochen. Mit Rauchsalz, Salz und Pfeffer abschmecken.
Zum Schluß das mit etwas kaltem Wasser angerührte Stärkemehl und die Sahne unterziehen. Suppe nochmals erwärmen, aber nicht mehr kochen lassen. Vor dem Servieren Lorbeerblatt und Wacholderbeeren entfernen.
Dazu paßt kräftiges Vollkornbrot oder Brühwürstchen.

Nährwerte pro Portion: 265 kcal/1107 kJ; 9,6 g Eiweiß; 18,3 g Fett; 11,7 g Kohlenhydrate; 1 BE
Austausch pro Portion: 1 Eiweiß; 1½ Gemüse; 1 Fett; 70 kcal »auf Wunsch«

Leinwebers Eierkuchen

Für 4 Portionen
400 g Kartoffeln, in der Schale gekocht
80 g Mehl
2 Eier
¼ l Milch (0,3% Fett)
Salz, Pfeffer
geriebene Muskatnuß
1 Bund Schnittlauch
4 TL Margarine
120 g magerer roher Schinken, gewürfelt

Zubereitung
Die Kartoffeln pellen, etwas abkühlen lassen und dann in Scheiben schneiden.
Aus Mehl, Eiern und Milch einen glatten Eierkuchenteig herstellen, mit Salz, Pfeffer und Muskat würzen und den in feine Röllchen geschnittenen Schnittlauch unterziehen.
1 Teelöffel Margarine in einer Pfanne erhitzen, ein Viertel Schinkenwürfel darin verteilen, darauf ein Viertel der Kartoffelscheiben geben, diese leicht mit Pfeffer bestreuen, darüber ein Viertel des Eierkuchenteiges gießen. Eierkuchen bei milder Hitze auf beiden Seiten goldbraun backen. Aus den restlichen Zutaten 3 weitere Eierkuchen backen. Fertige Eierkuchen im warmen Backofen warmhalten.
Die Eierkuchen mit Gewürzgurken oder grünem Salat servieren.

Nährwerte pro Portion: 387 kcal/1616 kJ; 15,5 g Eiweiß; 17,6 g Fett; 36,5 g Kohlenhydrate; 3 BE
Austausch pro Portion: 2 stärkehaltige Erzeugnisse; 1½ Eiweiß; 1 Fett; ¼ Milch

Pilzfrikadellen

Für 2 Portionen
300 g Champignons, geputzt
150 g Hühnerfleisch (Rohgewicht)
50 g Zwiebel
40 g Semmelbröseln
2 Eier
Petersilie
Salz, Pfeffer
4 TL Mehl
2 TL Margarine

Zubereitung
Pilze und Hühnerfleisch grob hacken und mit der feingehackten Zwiebel in ganz wenig Wasser bei milder Hitze dünsten.
Die Semmelbröseln unter die Pilz-Fleisch-Masse mischen und unter Rühren kurz mitdämpfen.
Mischung vom Herd nehmen und auskühlen lassen. Dann mit den Eiern, feingewiegter Petersilie und den Gewürzen vermengen.
Aus dem Teig kleine Frikadellen formen und diese in Mehl wenden. Margarine in einer Pfanne erhitzen. Die Frikadellen von beiden Seiten darin goldbraun braten.
Sofort servieren.

Nährwerte pro Portion: 369 kcal/1544 kJ; 32,6 g Eiweiß; 11,8 g Fett; 29,1 g Kohlenhydrate; 2,4 BE
Austausch pro Portion: 3 Eiweiß; 1¾ Gemüse; 1 Fett; 1 Getreideerzeugnis; 20 kcal »auf Wunsch«

Kartoffel-Fleisch-Eintopf nach alter Art

Für 2 Portionen
200 g Kartoffeln
120 g mageres Rindfleisch (Rohgewicht)
120 g mageres Schweinefleisch (Rohgewicht)
200 g Zwiebeln
4 TL Margarine
2 TL gekörnte Brühe
Salz, Pfeffer
Außerdem:
200 g Gewürzgurken

Zubereitung
Kartoffeln waschen und schälen, beide Fleischsorten in kleine Würfel schneiden, Zwiebeln in Scheiben schneiden. Margarine in einem Topf schmelzen lassen, dann Kartoffeln, Fleischwürfel und Zwiebelscheiben hineingeben. Gekörnte Brühe in ¼ Liter Wasser auflösen, mit Salz und Pfeffer würzen, dann sofort über den Topfinhalt gießen.
Topf zudecken und den Eintopf bei kleiner Flamme ca. 1 Stunde köcheln lassen. Erst kurz vor dem Servieren umrühren. Während der Garzeit eventuell etwas heißes Wasser nachgießen, damit nichts anbrennt.
Das Gericht auf vorgewärmte tiefe Teller verteilen. Die Gewürzgurken dazu servieren.

Nährwerte pro Portion: 406 kcal/1695 kJ; 27,4 g Eiweiß; 17,5 g Fett; 29,5 g Kohlenhydrate; 2,5 BE
Austausch pro Portion: 3 Eiweiß; 1 stärkehaltiges Erzeugnis; 2 Fett; 2 Gemüse; 10 kcal »auf Wunsch«

Hackfleisch-Gemüse-Pfanne mit Nudeln

Für 2 Portionen
150 g Rinderhackfleisch
2 TL Öl
100 g Zwiebeln
200 g frische Pilze, geputzt
100 g Tomaten, geschält (frisch oder aus der Dose)
Salz, Pfeffer
Paprikapulver
Oregano
60 g Schmelzkäse (max. 45% i. Tr.)
120 g Nudeln, gekocht

Zubereitung
Hackfleisch in einer beschichteten Pfanne in erhitztem Öl kurz anbraten. Dann die kleingewürfelten Zwiebeln, zerkleinerten Tomaten und Pilze zufügen und alles gut durchschmoren lassen. Die Mischung pikant mit den Gewürzen und Oregano abschmecken. Zum Schluß den gewürfelten Schmelzkäse unterziehen und durchrühren, bis der Käse geschmolzen ist.
Hackfleisch sofort servieren, dazu die heißen Nudeln reichen. Sie können die Nudeln auch mit der Hack-Gemüse-Mischung vermengen.

Nährwerte pro Portion: 366 kcal/1531 kJ; 25,2 g Eiweiß; 16,4 g Fett; 25,6 g Kohlenhydrate; 2,1 BE
Austausch pro Portion: 3 Eiweiß; 2 Gemüse; 1 Fett; 1 Getreideerzeugnis

Winterlicher Eintopf Hamburger Art

Für 2 Portionen
300 g mageres Schweineschnitzelfleisch (Rohgewicht)
100 g Zwiebeln
2 EL Tomatenmark
¼ l Instantbrühe
300 g Steckrüben, geschält
200 g Kartoffeln, geschält
1 TL Rosenpaprika
100 g Magermilchjoghurt
1 TL Mehl
gehackte Petersilie

Zubereitung
Fleisch in Würfel schneiden. Einen beschichteten Topf vorheizen, Fleisch darin von allen Seiten anbräunen. Gewürfelte Zwiebeln zugeben, ebenfalls anbräunen, dann Tomatenmark einrühren und die Brühe angießen. Gewürfelte Steckrüben und Kartoffeln zum Fleisch geben und das Ganze bei milder Hitze ca. 40 Minuten garen.
Eintopf kräftig mit Rosenpaprika würzen. Zum Schluß den mit Mehl verrührten Joghurt unterziehen. Eintopf mit Petersilie bestreut sofort servieren.

Nährwerte pro Portion: 468 kcal/1955 kJ; 35,5 g Eiweiß; 15,5 g Fett; 38 g Kohlenhydrate; 3,2 BE
Austausch pro Portion: 4 Eiweiß; 2 Gemüse; 1 stärkehaltiges Erzeugnis; ¼ Milch; 20 kcal »auf Wunsch«

Rheinischer Sauerbraten mit Rosinen

Für 2 Portionen
300 g magerer Rinderbraten (Rohgewicht)
2 TL Öl
100 g Zwiebeln, geschält
1 TL Instantbrühe
Salz, Pfeffer
40 g Rosinen
4 TL Mehl
Marinade:
¼ l Rotweinessig
½ l Wasser
6 Pfefferkörner
1 Lorbeerblatt
4–5 Wacholderbeeren

Zubereitung
Alle Zutaten für die Marinade aufkochen, erkalten lassen und über das Fleisch geben (es muß bedeckt sein). 2 Tage zugedeckt stehen lassen.
Anschließend das Fleisch aus der Marinade nehmen, trockentupfen und in heißem Öl kräftig anbraten, dann die gewürfelten Zwiebeln mit anbraten. Mit ⅜ Liter der Marinade ablöschen und das Fleisch etwa 40 Minuten schmoren lassen. Dann Rosinen zufügen und alles nochmal 10 Minuten durchschmoren. Fleisch warmstellen.
Sauce abschmecken, mit angerührtem Mehl binden und getrennt zum Fleisch servieren.

Nährwerte pro Portion: 299 kcal/1252 kJ; 31,1 g Eiweiß; 12,0 g Fett; 12,3 g Kohlenhydrate; 1,0 BE
Austausch pro Portion: 4 Eiweiß; 1 Fett; ½ Gemüse; 1 Obst; 25 kcal »auf Wunsch«

Kasseler mit Grünkohl und Zuckerkartoffeln (Foto Seite 174)

Für 4 Portionen
480 g mageres Kasseler (Rohgewicht)
600 g Grünkohl (Tiefkühlware)
400 g kleine Kartoffeln
40 g Paniermehl
4 TL Zucker
8 TL Margarine

Zubereitung
Kasseler in eine feuerfeste Form legen, mit einem Deckel oder Alufolie verschließen und im Ofen bei 200 °C etwa 40 Minuten garen. Fleisch anschließend warmhalten, den ausgetretenen Fleischsaft abgießen.
Aufgetauten Grünkohl im Fleischsaft etwa 20 Minuten bei kleiner Hitze garen. Inzwischen Kartoffeln in der Schale in Wasser kochen, dann pellen, in Paniermehl und Zucker wälzen und anschließend in der geschmolzenen Margarine rundherum goldbraun braten.
Kasseler auf dem Grünkohl nochmal kurz erwärmen. Das Fleisch auf dem Grünkohl anrichten und mit den Kartoffeln umlegt servieren.

Nährwerte pro Portion: 680 kcal/2844 kJ; 32,0 g Eiweiß; 40,8 g Fett; 38,4 g Kohlenhydrate; 3,2 BE
Austausch pro Portion: 3 Eiweiß; 1½ Gemüse; 1½ Getreideerzeugnisse; 2 Fett; 20 kcal »auf Wunsch«

Bremer Curry-Fleisch

Für 4 Portionen
600 g Hähnchenfleisch (Rohgewicht/ohne Haut und Knochen)
200 g Zwiebeln
4 TL Öl
3 TL Currypulver (nach Belieben auch mehr)
1 Lorbeerblatt
Salz

Zubereitung
Hähnchenfleisch in mundgerechte Würfel schneiden, geschälte Zwiebeln würfeln. Öl in einer tiefen Pfanne erhitzen, Zwiebelwürfel darin glasig dünsten, aber nicht braun werden lassen. Currypulver zugeben, kurz durchschwitzen, dann unter Rühren ca. ¼ Liter heißes Wasser angießen. Hähnchenfleisch und Lorbeerblatt in die Sauce geben und alles ca. ¾ Stunde bei geringer Hitze schmoren lassen. Dabei ab und zu umrühren, bei Bedarf etwas heißes Wasser nachgießen, damit nichts anbrennt.
Vor dem Servieren mit Salz nach Geschmack nachwürzen. Als passende Beilage körnig gekochten Reis reichen.

Nährwerte pro Portion: 232 kcal/972 kJ; 34,8 g Eiweiß; 6,5 g Fett; 4,8 g Kohlenhydrate; 0,4 BE
Austausch pro Portion: ½ Gemüse; 1 Fett; 4 Eiweiß

Labskaus

Für 4 Portionen
800 g Kartoffeln
360 g deutsches Corned-beef
400 g Zwiebeln
4 TL Margarine
1 Lorbeerblatt
Pfeffer, Salz
etwas Instantbrühe aus 1 kleinem Brühwürfel
200 g Salzgurke
400 g Rote Bete (aus dem Glas)
Außerdem:
2 TL Öl
4 Eier
4 kleine Rollmöpse à 30 g

Zubereitung
Kartoffeln in der Schale garkochen, abgießen, pellen und noch heiß zerstampfen. Corned-beef und Zwiebeln würfeln. Margarine in einer großen beschichteten Pfanne erhitzen, erst die Zwiebelwürfel darin goldgelb anbraten, dann das Corned-beef zugeben und mit den Zwiebeln vermengen. Gestampfte Kartoffeln untermischen, Lorbeerblatt dazugeben und alles kräftig mit Salz und Pfeffer mischen.
Sollte die Masse zu fest sein, etwas heiße Brühe angießen. Zum Schluß die in kleine Würfel geschnittene Salzgurke und Rote Bete unterheben. Labskaus in eine vorgewärmte Schüssel füllen und warmhalten.
Inzwischen in einer beschichteten Pfanne Öl erhitzen und aus den Eiern vier Spiegeleier braten.
Labskaus auf vorgewärmten Tellern verteilen, je ein Spiegelei darauf gleiten lassen und einen Rollmops dazu legen.

Nährwerte pro Portion: 608 kcal/2541 kJ; 39,3 g Eiweiß; 21,7 g Fett; 53,7 g Kohlenhydrate; 4,5 BE
Austausch pro Portion: 5 Eiweiß; 2 Gemüse; 2 stärkehaltige Erzeugnisse; 1½ Fett; 2,5 kcal »auf Wunsch«

Rindfleisch mit Meerrettichsauce

Für 2 Portionen
3 TL Margarine
4 TL Mehl
200 ml Milch (1,5% Fett)
geriebener Merrettich
Salz, Pfeffer
Petersilie
180 g Rindfleisch, gekocht

Zubereitung
Margarine schmelzen, Mehl darin anschwitzen und unter Rühren nach und nach die Milch angießen. Sauce etwas durchkochen, dann mit Meerrettich und den Gewürzen abschmecken. Zum Schluß die feingehackte Petersilie einrühren.
Die Sauce zum Rindfleisch reichen.

Nährwerte pro Portion: 304 kcal/1269 kJ; 30 g Eiweiß; 12,6 g Fett; 12,4 g Kohlenhydrate; 1,0 BE
Austausch pro Portion: 1½ Fett; 20 kcal »auf Wunsch«; ½ Milch; 3 Eiweiß

Lamm-Bohnen-Salat

Für 4 Portionen
240 g Lammfleisch, gekocht
240 g weiße Bohnen (Konserve)
80 g Frühlingszwiebeln, geputzt
Marinade:
50 ml Rotweinessig
2 EL Wasser
1 EL Öl
Süßstoff nach Geschmack
Salz, Pfeffer
Oregano
Petersilie zum Servieren

Zubereitung
Lammfleisch in feine Streifen schneiden und mit den abgetropften Bohnen und in Ringe geschnittenen Frühlingszwiebeln vermischen.
Alle Zutaten für die Marinade verrühren und über den Salat gießen. Durchmischen und gut durchziehen lassen. Den Salat mit feingehackter Petersilie bestreut servieren.

Nährwerte pro Portion: 177 kcal/740 kJ; 11,9 g Eiweiß; 11,3 g Fett; 4,4 g Kohlenhydrate; 0,4 BE
Austausch pro Portion: 3 Eiweiß; 20 g Gemüse; ¾ Fett

Leberknödel mit Sauerkraut

Für 1 Portion
150 g Rinderleber (Rohgewicht)
30 g Toastbrot
1 EL getrocknete Zwiebelflocken
Salz, Pfeffer
Majoran
150 g Sauerkraut (Konserve)

Zubereitung
Leber sehr fein würfeln, dann mit dem vorher in etwas Wasser eingeweichtem, zerpflückten Toastbrot, den Trockenzwiebeln und Gewürzen vermengen. Mit nassen Händen kleine Knödel formen (oder mit einem Löffel kleine Klößchen).
Wasser mit Salz aufkochen und die Knödel darin ca. 8 Minuten bei kleiner Flamme garziehen lassen.
Inzwischen das Sauerkraut garen und zu den abgetropften Knödeln servieren.

Nährwerte pro Portion: 328 kcal/1372 kJ; 34,3 g Eiweiß; 5,5 g Fett; 29,8 g Kohlenhydrate; 2,5 BE
Austausch pro Portion: 4 Eiweiß; 1 Brot; 1½ Gemüse

Schweineschnitzel rustikal

Für 4 Portionen
4 sehr magere Schweineschnitzel à 150 g (Rohgewicht)
Salz, Pfeffer
Paprikapulver edelsüß
4 TL Öl
200 g Mixed Pickles (aus dem Glas)
8 TL Tomatenketchup
50 g saure Sahne

Zubereitung
Schnitzel trockentupfen. Von beiden Seiten mit Salz, Pfeffer und Paprikapulver würzen. Öl in einer großen Pfanne erhitzen und die Schnitzel darin auf beidenSeiten braten. Schnitzel herausnehmen und warmhalten. Mixed Pickles kleinschneiden und kurz im Bratfond dünsten. Ketchup mit saurer Sahne verrühren und in die Pfanne geben. Sauce kurz erhitzen, aber nicht mehr kochen lassen.
Schnitzel auf vorgewärmte Teller geben und mit der Sauce übergießen. Sofort servieren.

Nährwerte pro Portion: 341 kcal/1425 kJ; 28,8 g Eiweiß; 21,2 g Fett; 3,6 g Kohlenhydrate; 0,3 BE
Austausch pro Portion: 4 Eiweiß; 1 Fett; ¼ Gemüse; 60 kcal »auf Wunsch«

Niedersächsischer Toast

Für 2 Portionen
60 g Toastbrot
2 TL Butter
100 g Spargelköpfe (Konserve)
90 g magerer roher Schinken
60 g Edamer in Scheiben (45% Fett i. Tr.)

Zubereitung
Toastbrot rösten, mit Butter bestreichen und mit den abgetropften Spargelköpfen belegen. Würfelig geschnittenen Schinken darauf verteilen und die Käsescheiben darüberlegen. Toasts unter den vorgeheizten Grill geben und überbakken, bis der Käse geschmolzen ist.

Nährwerte pro Portion: 420 kcal/1754 kJ; 19,0 g Eiweiß; 28,1 g Fett; 17,4 g Kohlenhydrate; 1,4 BE
Austausch pro Portion: 1 Brot; 1 Fett; ½ Gemüse; 2½ Eiweiß

Hühnerbrust mit Apfel-Wein-Sauce

Für 2 Portionen
300 g Hühnerbrüste (Rohgewicht)
Salz, Pfeffer
2 TL Öl
250 g Äpfel, geschält und entkernt
1 TL Zucker
Zimt
8 TL Weißwein

Zubereitung
Hühnerbrüste säubern, trockentupfen, mit Salz und Pfeffer bestreuen und in erhitztem Öl in ca. 20 Minuten garen.
Inzwischen Äpfel würfeln und in knapp ⅛ Liter Wasser dünsten, anschließend pürieren und mit Zucker, Zimt nach Geschmack und Wein würzen.
Hühnerbrüste auf vorgewärmten Tellern anrichten und mit der Sauce servieren.

Nährwerte pro Portion: 302 kcal/1264 kJ; 34,7 g Eiweiß; 6,8 g Fett; 18,3 g Kohlenhydrate; 1,5 BE
Austausch pro Portion: 4 Eiweiß; 1 Fett; 1 Obst; 30 kcal »auf Wunsch«

Lübecker National

Für 4 Portionen

600 g sehr mageres Schweinefleisch aus der Keule (Rohgewicht)
1½ TL Salz
800 g Steckrüben, geschält
600 g Kartoffeln, geschält
100 g Zwiebeln, geschält
weißer Pfeffer
4 EL gehackte Petersilie

Zubereitung

Schweinefleisch mit ½ Liter Wasser und ¾ Teelöffel Salz aufsetzen und bei kleiner Flamme ca. 1 Stunde kochen.
In der Zwischenzeit Rüben, Kartoffeln und Zwiebeln in 1 cm große, gleichmäßige Würfel schneiden. Das gegarte Fleisch aus der Brühe nehmen. Kartoffeln, Rüben und Zwiebeln mit dem restlichen Salz in die Brühe geben und zugedeckt etwa 30 Minuten garen.
Kurz vor Ende der Garzeit das in 2 cm große Würfel geschnittene Schweinefleisch zum Gemüse geben und mit erhitzen.
Den Eintopf mit Pfeffer abschmecken und mit gehackter Petersilie bestreut servieren.

Nährwerte pro Portion: 476 kcal/1989 kJ; 33,3 g Eiweiß; 15,1 g Fett; 42,1 g Kohlenhydrate; 3,5 BE
Austausch pro Portion: 4 Eiweiß; 2¼ Gemüse; 1½ stärkehaltiges Erzeugnis

Schinkenkartoffeln aus dem Ofen

Für 2 Portionen

200 g Kartoffeln, in der Schale gekocht
120 g magerer, gekochter Schinken
100 g Zwiebeln
2 TL Öl
100 ml Milch (1,5% Fett)
2 Eier
geriebene Muskatnuß
Salz
Schnittlauchröllchen

Zubereitung

Kartoffeln schälen und in Scheiben schneiden, Schinken fein würfeln, Zwiebeln in Ringe schneiden.
Eine feuerfeste Form mit dem Öl auspinseln. Lagenweise Kartoffeln, Zwiebeln und Schinken einschichten. Die letzte Lage sollten Kartoffelscheiben sein.
Milch mit Eiern, den Gewürzen und Schnittlauch verquirlen und über die Kartoffeln gießen.
Auflauf im vorgeheizten Backofen bei 200° ca. 25 Minuten garen.
In der Form servieren.
Dazu frischen Salat reichen.

Nährwerte pro Portion: 405 kcal/1694 kJ; 24,5 g Eiweiß; 20,1 g Fett; 26 g Kohlenhydrate; 2,2 BE
Austausch pro Portion: 3 Eiweiß; 1 Fett; 1 stärkehaltiges Erzeugnis; ¼ Milch; ½ Gemüse

Wärm Earpelschlaat (Warmer Kartoffelsalat)

Für 4 Portionen
400 g Kartoffeln
120 g Salami, kalorienreduziert
100 g Zwiebeln
8 TL Öl
½ l Instantbrühe (aus 2 kleinen Brühwürfeln)
Salz, weißer Pfeffer,
3–4 EL Essig
Süßstoff nach Geschmack

Zubereitung
Kartoffeln in der Schale ca. 15–20 Minuten kochen, abgießen, etwas auskühlen lassen, schälen und in kleine Würfel schneiden. Salami und Zwiebeln würfeln. Öl in einem Topf erhitzen, Salami- und Zwiebelwürfel darin anbraten, dann die Kartoffelwürfel zugeben und die Brühe angießen. Alles etwas kochen lassen, pikant mit Salz, Pfeffer, Essig und Süßstoff abschmecken.
Gericht sofort servieren.

Nährwerte pro Portion: 445 kcal/1861 kJ; 35,7 g Eiweiß; 21,4 g Fett; 21,0 g Kohlenhydrate; 1,7 BE
Austausch pro Portion: 2 Fett; 4 Eiweiß; 1 stärkehaltiges Erzeugnis; 5 kcal »auf Wunsch«

Krautspätzle

Für 4 Portionen
600 g Sauerkraut
4 TL Öl
120 g magerer roher Schinken
100 g Zwiebeln
240 g Spätzle, gegart
⅛ l Wasser
Rauchsalz
gerebelten Majoran

Zubereitung
Sauerkraut etwas zerzupfen. Öl in einem Topf erhitzen und das Kraut darin leicht anrösten. Nachh etwa 10 Minuten gewürfelten Schinken zugeben und 5 Minuten mitrösten. Dann die gewürfelten Zwiebel mitrösten. Sobald alles leicht angebräunt ist, die Spätzle unter das Kraut mengen und das Wasser angießen. Alles bei guter Hitze 5–10 Minuten kochen, dabei ständig umrühren.
Das Gericht mit Rauchsalz und Majoran gut abschmecken und servieren.

Nährwerte pro Portion: 293 kcal/1225 kJ; 10,7 g Eiweiß; 16,1 g Fett; 22,7 g Kohlenhydrate; 1,9 BE
Austausch pro Portion: 1 Fett; 1¾ Gemüse; 1 Eiweiß; 1 Getreideerzeugnis

Bechamelkartoffeln mit Schinken

Für 4 Portionen
400 g Kartoffeln, in der Schale gekocht
4 TL Butter oder Margarine
60 g roher magerer Schinken, gewürfelt
50 g Zwiebel, gewürfelt
20 g Mehl
¼ l Milch (0,3% Fett)
¼ l Instantbrühe
Salz, Pfeffer
Petersilie, gehackt

Zubereitung
Kartoffeln schälen und in Scheiben schneiden.
Butter in einem Topf erhitzen, Schinken und Zwiebelwürfel leicht darin anbraten. Mehl darüber stäuben, dann Milch und Instantbrühe angießen und unter ständigem Rühren aufkochen lassen. Sauce mit Salz und Pfeffer würzen. Die Kartoffelscheiben in die Sauce geben, kurz mit erhitzen und etwas durchziehen lassen.
Mit reichlich gehackter Petersilie bestreut servieren.

Nährwerte pro Portion: 234 kcal/976 kJ; 8,0 g Eiweiß; 9,5 g Fett; 26,5 g Kohlenhydrate; 2,2 BE
Austausch pro Portion: 1¼ stärkehaltige Erzeugnisse; ½ Eiweiß; ⅛ Gemüse; ¼ Milch; 2,5 kcal »auf Wunsch«

Schinkentüten mit Quarkfüllung

Für 4 Portionen
300 g Magerquark
100 g Zwiebeln
100 g Tomaten
8 Oliven (mit Paprika gefüllt)
Salz, Pfeffer
Zitronensaft
Knoblauch nach Geschmack
8 Scheiben magerer gekochter Schinken (je Scheibe 45 g)
Petersilie zum Garnieren

Zubereitung
Magerquark mit geriebener Zwiebel, entkernten, kleingehackten Tomaten und zerkleinerten Oliven gut vermischen und pikant mit Salz, Pfeffer, Zitronensaft und Knoblauch abschmecken.
Die Schinkenscheiben zu Tüten formen. Quarkmasse in die Schinkentüten füllen und auf einer Platte anrichten. Mit Petersiliensträußchen garniert servieren.

Nährwerte pro Portion: 267 kcal/1115 kJ; 29,7 g Eiweiß; 12,7 g Fett; 4,1 g Kohlenhydrate; 0,3 BE
Austausch pro Portion: 4 Eiweiß; ½ Gemüse; 10 kcal »auf Wunsch«

Würstchen im Schlafrock

Für 1 Portion
60 g gekühlter Frischteig für Brötchen (Fertigprodukt)
90 g Wiener Würstchen
½ TL Kondensmilch (4% Fett)
Senf

Zubereitung
Frischteig ausrollen, Würstchen darauf legen und in den Teig einwickeln. Mit der Naht nach unten auf ein kalt abgespültes Backblech legen und die Teigoberfläche mit Kondensmilch bestreichen. Im vorgeheizten Backofen bei 200 °C etwa 15 Minuten backen. Mit Senf servieren.

Nährwerte pro Portion: 403 kcal/1686 kJ; 18,9 g Eiweiß; 19,9 g Fett; 30,8 g Kohlenhydrate; 2,6 BE
Austausch pro Portion: 2 Getreideerzeugnisse; 3 Eiweiß; 2,5 kcal »auf Wunsch«

Desserts, die Oma vererbte

Apfelsuppe mit Zwieback

Für 4 Portionen
500 g Äpfel, geschält und entkernt
250 ml Weißwein
Zimt
Süßstoff
40 g Rosinen
20 g Stärkemehl
40 g Zwieback

Zubereitung
Äpfel würfeln und in 750 ml Wasser und dem Wein weichkochen. Äpfel anschließend pürieren und mit Zimt und Süßstoff abschmecken. Rosinen in die Suppe geben und diese mit angerührtem Stärkemehl andicken. Zwieback grob zerkrümeln. Die Suppe auf Teller oder Tassen verteilen und mit den Zwiebackkrümeln bestreuen.

Nährwerte pro Portion: 198 kcal/827 kJ; 1,8 g Eiweiß; 1,0 g Fett; 34 g Kohlenhydrate; 2,8 BE
Austausch pro Portion: 1½ Obst; 50 kcal »auf Wunsch«; ¾ Getreideerzeugnis

Apfelbrotsuppe

Für 1 Portion
60 g altbackenes Weißbrot
½ l Wasser
1 Zimtstange
1 Prise Salz
125 g Apfel, geschält und entkernt
Zitronensaft
Süßstoff nach Geschmack
⅛ l trockener Weißwein

Zubereitung
Weißbrot in Würfeln schneiden und zusammen mit dem Wasser in einen Kochtopf geben. Zimtstange und Salz zufügen. Sobald sich das Brot mit Wasser vollgesogen hat, den Topf auf die Herdplatte stellen. Inhalt zum Kochen bringen. Dann den in dünne Scheiben geschnittenen Apfel zufügen und weiterkochen, bis das Brot und der Apfel zerfallen sind. Suppe mit Zitrone, Süßstoff und Weißwein abschmecken.

Nährwerte pro Portion: 156 kcal/651 kJ; 2,8 g Eiweiß; 0,6 g Fett; 23,0 g Kohlenhydrate; 1,9 BE
Austausch pro Portion: 1 Getreideerzeugnis; ½ Obst; 50 kcal »auf Wunsch«

Roh gerührtes Apfelmus

Für 2 Portionen
250 g Äpfel, geschält und entkernt
2 EL Zitronensaft
2 TL Zucker
Süßstoff
Zimt

Zubereitung
Äpfel vierteln und mit Zitronensaft im Mixer pürieren. Apfelmus mit Zucker, Süßstoff nach Geschmack und Zimt abschmecken und in Glasschalen servieren.

Nährwerte pro Portion: 88 kcal/370 kJ; 0,4 g Eiweiß; 0,5 g Fett; 20,7 g Kohlenhydrate; 1,7 BE
Austausch pro Portion: 1 Obst; 20 kcal »auf Wunsch«

Botermelks-Zup möt Prümkes (Buttermilchsuppe mit Rosinen)

Für 4 Portionen
¾ l Buttermilch (max. 1% Fett)
¼ l Milch (0,3% Fett)
80 g Mehl
Vanillearoma
2 TL Zucker
Süßstoff nach Geschmack
1 Prise Salz
80 g Rosinen, vorher eingeweicht

Zubereitung
Alle Zutaten außer den Rosinen in einen Kochtopf geben und bei mäßiger Hitze unter ständigem Rühren zum Kochen bringen. Wichtig ist, daß die Suppe während des Kochens ständig gerührt wird, damit die Buttermilch nicht gerinnt. Kurz vor dem Servieren die abgetropften Rosinen in der Suppe heiß werden lassen.
Suppe auf vorgewärmte Teller verteilen und sofort servieren.

Nährwerte pro Portion: 227 kcal/948 kJ; 11,3 g Eiweiß; 1,3 g Fett; 40,6 g Kohlenhydrate; 3,4 BE
Austausch pro Portion: 1 Milch; 1 Getreideerzeugnis; 1 Obst; 10 kcal »auf Wunsch«

Vanillesuppe mit Klößchen

Für 2 Portionen
500 ml Milch (0,3% Fett)
Vanilleextrakt
Vanillemark
Süßstoff
10 g Stärkemehl
1 Ei, getrennt
3 TL Zucker
Zimt

Zubereitung
Milch zum Kochen bringen. Mit Vanilleextrakt, Vanillemark und Süßstoff abschmecken. Stärkemehl mit Eigelb und wenig Wasser anrühren und in die nicht mehr kochende Milch geben. Eiweiß steif schlagen. Zucker einrieseln lassen. Mit einem Teelöffel kleine Klößchen abstechen und auf die Suppe geben. Die Klößchen zugedeckt etwa 5 Minuten ziehen lassen. Vor dem Servieren Zimt über die Suppe stäuben.

Nährwerte pro Portion: 183 kcal/765 kJ; 12,5 g Eiweiß; 3,4 g Fett; 23,9 g Kohlenhydrate; 2,0 BE
Austausch pro Portion: 1 Milch; ¼ Getreideerzeugnis; ½ Eiweiß; 30 kcal »auf Wunsch«

Gefüllte Pflaumen

Für 2 Portionen
6 mittelgroße Pflaumen
20 g Magerquark
½ TL Zucker
¼ TL abgeriebene Schale einer unbehandelten Orange
Zimt

Zubereitung
Pflaumen halbieren und entsteinen. Quark mit Zucker, Orangenschale und Zimt verrühren. Mischung auf die Pflaumenhälften verteilen. Mit etwas Zimt bestäubt servieren.

Nährwerte pro Portion: 66 kcal/273 kJ; 1,9 g Eiweiß; 0,2 g Fett; 14,0 g Kohlenhydrate; 1,2 BE
Austausch pro Portion: 1 Obst; ⅒ Milch; 5 kcal »auf Wunsch«

Bratäpfel mit Bananen-Ingwer-Füllung

Für 4 Portionen
500 g Äpfel (4 mittelgroße)
120 g Banane, geschält
3 EL Crème fraîche
4 TL Zucker
Ingwerpulver

Zubereitung
Äpfel waschen, Kerngehäuse ausstechen, dann in eine feuerfeste Form setzen. Banane mit einer Gabel zerdrücken, mit Crème fraîche und Zucker verrühren und mit Ingwer kräftig würzen. Masse in die Äpfel füllen.
Form in den vorgeheizten Ofen stellen und die Äpfel bei 200 °C etwa 30 Minuten backen.
Sofort servieren.

Nährwerte pro Portion: 154 kcal/643 kJ; 1,0 g Eiweiß; 4,1 g Fett; 28,1 g Kohlenhydrate; 2,3 BE
Austausch pro Portion: 1½ Obst; 70 kcal »auf Wunsch«

Buttermilch-Orangen-Pudding

Für 4 Portionen
250 ml Buttermilch (1 % Fett)
250 ml ungesüßter Orangensaft
abgeriebene Schale einer unbehandelten Orange
4 TL Zucker
Süßstoff nach Geschmack
6 Blatt Gelatine
4 Zitronenscheiben

Zubereitung
Buttermilch mit Orangensaft, Orangenschale und Zucker verrühren, nach Geschmack eventuell mit Süßstoff nachsüßen.
Mischung vorsichtig erwärmen und die vorher eingeweichte Gelatine darin auflösen.
Pudding auf 4 Gläser verteilen und im Kühlschrank fest werden lassen. Mit Zitronenscheiben garniert servieren.

Nährwerte pro Portion: 81 kcal/340 kJ; 3,9 g Eiweiß; 0,5 g Fett; 15,1 g Kohlenhydrate; 1,3 BE
Austausch pro Portion: ¼ Milch; ½ Obst; 25 kcal »auf Wunsch«

Fruchtomelett (Foto Seite 175)

Für 1 Portion
2 Eier
2 TL Zucker
½ TL Vanilleextrakt
1 Prise Salz
2 TL Margarine
100 g Kiwi, geschält
125 g Erdbeeren, geputzt

Zubereitung
Eier mit Zucker, Vanilleextrakt und einer Prise Salz schaumig schlagen. Margarine in einer Pfanne schmelzen, Eimasse hineingeben und bei milder Hitze auf beiden Seiten goldgelb backen. In Scheiben geschnittene Kiwi und geviertelte Erdbeeren auf dem Omelett verteilen und sofort servieren.

Nährwerte pro Portion: 389 kcal/1627 kJ; 16,6 g Eiweiß; 21,7 g Fett; 27,7 g Kohlenhydrate; 2,3 BE
Austausch pro Portion: 2 Eiweiß; 2 Fett; 2 Obst; 40 kcal »auf Wunsch«

Quarkschaum

Für 4 Portionen
200 g Magerquark
2 Eier, getrennt
Süßstoff
Vanilleextrakt

Zubereitung
Quark mit Eigelb, Süßstoff und Vanillearoma cremig aufschlagen.
Eiweiß sehr steif schlagen und vorsichtig unter die Quarkmasse heben.
Dessert bis zum Servieren kühlstellen.

Nährwerte pro Portion: 86 kcal/360 kJ; 10,4 g Eiweiß; 3,3 g Fett; 2,2 g Kohlenhydrate; 0,2 BE
Austausch pro Portion: ½ Milch; ½ Eiweiß

Quarkkaltschale

Für 4 Portionen
300 g Speisequark (20% Fett i. Tr.)
500 ml Buttermilch (max. 1% Fett)
250 g Erdbeeren, geputzt
125 ml ungesüßter Orangensaft
70 g Schlagsahne
Vanilleextrakt
Süßstoff

Zubereitung
Alle Zutaten im Mixer pürieren. Kühlstellen. Das Dessert in Gläsern servieren.

Nährwerte pro Portion: 226 kcal/944 kJ; 14,9 g Eiweiß; 10,3 g Fett; 16,4 g Kohlenhydrate; 1,4 BE
Austausch pro Portion: 1 Eiweiß; ½ Milch; ¾ Obst; 50 kcal »auf Wunsch«

Weißbierkaltschale nach Großmutters Art

Für 4 Portionen
800 ml Weißbier
4 Eigelb
1 Prise Zimt
1 kleines Stück Zitronenschale
Süßstoff nach Geschmack
20 g Rosinen oder Korinthen, gewaschen
60 g Vollkornbrot
4 TL Zucker

Zubereitung
Zwei bis drei Eßlöffel Weißbier in eine Tasse geben und mit den Eigelb verquirlen. Restliches Bier mit Zimt, Zitronenschale und Süßstoff in einem Topf aufkochen. Suppe von der Herdplatte nehmen und mit dem Eigelb legieren. Dann in eine Suppenterrine füllen, Rosinen einrühren und zum Abkühlen in den Kühlschrank stellen.
Vor dem Servieren das Brot auf einer Reibe zu Bröseln reiben, mit Zucker vermischen und kurz in einer trockenen beschichteten Pfanne rösten.
Kaltschale auf Suppenteller verteilen und mit den Brotbröseln bestreut anrichten.

Nährwerte pro Portion: 258 kcal/1080 kJ; 9,6 g Eiweiß; 6,6 g Fett; 15,6 g Kohlenhydrate; 1,3 BE
Austausch pro Portion: ½ Eiweiß; ¼ Obst; ½ Obst; ½ Getreideerzeugnis; 120 kcal »auf Wunsch«

Zitronencreme

Für 4 Portionen
250 ml Buttermilch (max. 1% Fett)
Saft von 2 Zitronen
4 TL Zucker
1 TL Vanilleextrakt
6 Blatt weiße Gelatine

Zubereitung
Buttermilch mit Zitronensaft, Zucker und Vanilleextrakt verrühren. Gelatine einweichen, in ⅛ Liter warmem Wasser auflösen, dann unter die Buttermilch rühren.
Creme im Kühlschrank fest werden lassen.

Nährwerte pro Portion: 47 kcal/197 kJ; 3,4 g Eiweiß; 0,3 g Fett; 7,5 g Kohlenhydrate; 0,6 BE
Austausch pro Portion: ¼ Milch; 25 kcal »auf Wunsch«

Rheinischer Riesflade (Reiskuchen)

Für 8 Portionen
160 g Weizenmehl
1 TL Backpulver
Süßstoff (entsprechend 50 g Zucker)
1 EL Wasser
1 Eigelb
8 TL Butter
Belag:
½ l Milch (0,3% Fett)
1 Prise Salz
120 g Rundkornreis (Rohgewicht)
3 Eier, getrennt
1 Eiweiß
Süßstoff (entsprechend 100 g Zucker)
Mark 1 Vanilleschote
abgeriebene Schale ½ Zitrone
4 TL Speisestärke

Zubereitung
Mehl mit Backpulver mischen und auf ein Backbrett sieben. In die Mitte eine Vertiefung machen und das mit Süßstoff und Wasser vermischte Eigelb hineingeben. Mit einem Teil des Mehls vom Rand zu einem festen Teig verarbeiten. Butter darauf verteilen und alles mit dem restlichen Mehl verkneten. Teig zum Ballen formen und etwa ½ Stunde kühlstellen.
Inzwischen den Belag herstellen. Dafür Milch mit Salz zum Kochen bringen, den gewaschenen Reis zufügen und bei ganz schwacher Hitze körnig ausquellen lassen. Zum Abkühlen beiseite stellen. Eigelb leicht schaumig schlagen, zwei Drittel des Süßstoffs und Vanillemarks zugeben und alles so lange schlagen, bis eine cremige Masse entsteht. Zitronenschale und Speisestärke untermischen. Die 4 Eiweiß mit dem Rest Süßstoff schnittfest schlagen. Nun den abgekühlten Reis unter die Eigelbmasse rühren und zum Schluß den Eischnee unterheben.
Teig aus dem Kühlschrank nehmen, ausrollen und 8 Tortenförmchen damit auskleiden. Dabei den Rand gut hochziehen. Teigboden 2- bis 3mal mit der Gabel einstechen, darauf die Reismasse verteilen und glattstreichen. Törtchen im vorgeheizten Ofen etwa 30 Minuten bei ca. 220 °C backen.

Nährwerte pro Portion: 246 kcal/1029 kJ; 9,1 g Eiweiß; 7,7 g Fett; 31,9 g Kohlenhydrate; 2,7 BE
Austausch pro Portion: 1¾ Getreideerzeugnisse; ½ Eiweiß; 1 Fett; ¼ Milch; 5 kcal »auf Wunsch«

Omas Hirsekuchen

Für 4 Portionen
80 g Hirse
400 ml Milch (1,5% Fett)
½ Stange Vanille
1 Prise Salz
8 TL Margarine
2 Eier, getrennt
Süßstoff nach Geschmack
abgeriebene Schale einer halben ungespritzten Zitrone
12 TL Kokosraspeln

Zubereitung
Hirse waschen und abtropfen lassen. Milch mit Vanillestange und Salz zum Kochen bringen. Hirse unter Rühren einstreuen und in ca. 25 Minuten bei niedrigster Hitze ausquellen lassen. Hirsebrei zum Auskühlen beiseite stellen.
Inzwischen die Margarine schaumig rühren, nach und nach mit den Eigelb vermischen. Süßstoff und Zitronenschale zufügen und nun löffelweise den Hirsebrei unterziehen sowie 8 Teelöffel Kokosrapseln. Eiweiß schnittfest schlagen und unter die Hirsemasse heben. Eine Auflauf- oder Kuchenform mit Backtrennpapier auslegen und den Teig einfüllen. Mit den restlichen 4 Teelöffeln Kokosraspeln bestreuen.
Kuchen in den vorgeheizten Backofen stellen und bei 175–200 °C ca. 30 Minuten backen.
Hirsekuchen läßt sich in Portionen geteilt gut einfrieren.

Nährwerte pro Portion: 284 kcal/1186 kJ; 10,1 g Eiweiß; 17,0 g Fett; 19,0 g Kohlenhydrate; 1,6 BE
Austausch pro Portion: ½ Eiweiß; 1 Getreideerzeugnis; ½ Milch; 2 Fett; 30 kcal »auf Wunsch«

Wackelpudding mit Schlagsahne

Für 2 Portionen
1 Aufgußbeutel Hagebuttentee
ein Stück Schale einer unbehandelten Zitrone
2 TL Zucker
Orangenextrakt
3 Blatt rote Gelatine
70 g Schlagsahne

Zubereitung
Teebeutel mit 250 ml kochendem Wasser übergießen, Zitronenschale zufügen, etwa 10 Minuten ziehen lassen. Zitronenschale entfernen und den Tee mit Zucker und Orangenextrakt abschmecken. Die vorher eingeweichte Gelatine im noch warmen Tee auflösen. Pudding im Kühlschrank fest werden lassen.
Gut gekühlt mit steifgeschlagener Sahne servieren.

Nährwerte pro Portion: 136 kcal/567 kJ; 2,1 g Eiweiß; 11,1 g Fett; 6,2 g Kohlenhydrate; 0,5 BE
Austausch pro Portion: 125 kcal »auf Wunsch«

Schwarzwälder Mokkacreme (Foto Seite 155)

Für 4 Portionen
400 g Sauerkirschen (ohne Zucker konserviert)
2 Eier
2 EL Zucker
400 g Magerquark
2 TL Instant-Kaffee
8 EL Kirschsaft (ohne Zucker)

Zubereitung
Abgetropfte Kirschen auf 4 Schälchen verteilen (ein paar Kirschen zum Garnieren zurückbehalten). Eier mit Zucker schaumig rühren, mit Quark, Kaffeepulver und Kirschsaft vermengen. Creme über die Kirschen verteilen, mit den übrigen Kirschen garnieren. Das Dessert gekühlt servieren.

Nährwerte pro Portion: 214 kcal/895 kJ; 18,1 g Eiweiß; 3,9 g Fett; 24,8 g Kohlenhydrate; 2,1 BE
Austausch pro Portion: 1 Obst; ½ Eiweiß; 1 Milch; 30 kcal »auf Wunsch«

Durstlöscher

Gekräuterte Buttermilch

Für 1 Portion
250 ml Buttermilch (max. 1 % Fett)
½ Paket gemischte Kräuter (Tiefkühlware)
Salz, Pfeffer
Pfeffersauce nach Geschmack

Zubereitung
Buttermilch mit den Kräutern verrühren. Pikant mit Salz, Pfeffer und Pfeffersauce nach Geschmack würzen. Gekühlt servieren.

Nährwerte pro Portion: 90 kcal/375 kJ; 8,8 g Eiweiß; 1,3 g Fett; 10,0 g Kohlenhydrate; 0,8 BE
Austausch pro Portion: 1 Milch

Früchtetee

Für 1 Portion
80 ml ungesüßter Traubensaft
200 ml kalter schwarzer Tee
Süßstoff
1 Zitronenscheibe

Zubereitung
Traubensaft mit Tee verrühren. Nach Geschmack süßen. Tee mit einem Eiswürfel und Zitronenscheibe servieren.

Nährwerte pro Portion: 62 kcal/259 kJ; 0,1 g Eiweiß; 0,1 g Fett; 15,1 g Kohlenhydrate; 1,3 BE
Austausch pro Portion: 1 Obst

Rotweingrog

Für 1 Portion
125 ml Rotwein
2 TL Zucker
Nelkenpulver
Zimt

Zubereitung
Rotwein mit Zucker erhitzen, mit Nelken- und Zimtpulver würzen. Den Grog heiß servieren.

Nährwerte pro Portion: 140 kcal/585 kJ; 0,3 g Eiweiß; 0,0 g Fett; 10,1 g Kohlenhydrate; 0,8 BE
Austausch pro Portion: 140 kcal »auf Wunsch«

Rezeptregister

(kursiv gesetzte Seitenzahlen verweisen auf Abbildungen)